币潮岁月

亲历人民币国际化十年历程

李思敏／著

广州新华出版发行集团
广州出版社

图书在版编目（CIP）数据

币潮岁月：亲历人民币国际化十年历程 / 李思敏著．—广州：广州出版社，2021.9（2021.11重印）

ISBN 978-7-5462-3352-9

Ⅰ．①币…　Ⅱ．①李…　Ⅲ．①人民币—金融国际化—研究　Ⅳ．①F822

中国版本图书馆CIP数据核字（2021）第185371号

书　　名　币潮岁月——亲历人民币国际化十年历程
Bi Chao Suiyue Qinli Renminbi Guojihua Shinian Licheng
出版发行　广州出版社
（地址：广州市天河区天润路87号9楼、10楼　邮政编码：510635
网址：www.gzcbs.com.cn）
责任编辑　叶桂莲　龚莉莎
责任校对　王俊婕
版式设计　友间文化
印刷单位　佛山市浩文彩色印刷有限公司
（地址：佛山市南海区狮山科技工业园A区　电话：0757-88368558
邮编：528225）
规　　格　787毫米×1092毫米　1/16
字　　数　98千
印　　张　7.75
版　　次　2021年9月第1版
印　　次　2021年11月第2次
书　　号　ISBN 978-7-5462-3352-9
定　　价　38.00元

序 言

十载峥嵘国际路　不忘初心再出发

2019年是跨境贸易人民币结算试点暨人民币国际化启动十周年。在2009—2019年这十年间，人民币在支付、投融资、储备和计价等方面的功能得到全面增强，在国际货币体系中的地位显著提升，截至2019年已连续八年成为我国第二大跨境收支货币，是全球第三大贸易融资货币、第五大支付货币和官方外汇储备货币、第八大外汇交易货币，并已纳入国际货币基金组织特别提款权货币篮子。人民币国际化在服务实体经济发展、促进贸易投资便利化、推动金融市场对外开放、支持“一带一路”建设等方面发挥了至关重要的作用，成为我国经济金融改革创新和对外开放的一大亮点。

回首过往，掩卷沉思，我愈发深刻地感受到，启动人民币国际化是准确把握国际经济金融格局变化和中国改革开放事业需要的应时之举、强基之策、长远之计。2008年，美国的次贷危机引发了金融危机，并迅速向全球蔓延，以美元为中心的国际货币体系内在矛盾凸显，国际社会对改革现行国际货币体系、促进全球货币体系多元化的呼声日益强烈，人民币作为世界第二大经济体的货币自然被寄予了更多的期望。同时，随着改革开放深入推进，我国经济日益融入全球市场，境内外市场主体对人民币参与全球支付结算和投资交易的需求越来越强。鉴于此，人民银行及时抓住国际金融危机后的有利时间窗口，会同有关部门务实有序地推动跨境人民币业务、中央银行间货币合作等重点工作，人民币跨境使用逐步实现从零星的边境贸易结算到全面铺开、从经常项目到资本项目、从贸易投资到金融交易、从银行企业到个人、从简单到复杂业务的拓展。

犹记得2009年，跨境贸易人民币结算试点率先在上海和广东的广州、深圳、珠海、东莞四个城市启动，正式拉开了人民币国际化的序幕。为什么选择广东作为人民币“出海”的重要起锚地呢？一方面，广东毗邻港澳，是我国改革开放的前沿阵地，与港澳之间经贸和人员交往密切。早在2003年，中国银行就在港澳建立了人民币清算安排，人民币在粤港澳之间跨境使用有了良好的市场基础。另一方面，我们还应看到，广东在改革开放大潮中，不仅创造了巨大的经济成就，而且铸就了“敢为人先、务实进取、开放兼容、敬业奉献”的广东人精神。我曾在广东工作多年，对此深有体会。广东人精神与人民币国际化“市场驱动、顺势而为、低调务实、有效推动”的发展要求十分契合，对跨境人民币业务在广东的发展产生了不可忽视的催化作用。十年来，广东作为全国首批开展跨境贸易人民币结算试点的地区，坚持解放思想、实事求是、敢闯敢拼，不断推进跨境人民币业务取得新突破，许多重要业务的首笔都是在广东率先提出和落地的。广东跨境人民币业务量连续八年居全国首位，业务规模在全国的占比最高时达三分之一，积累了宝贵的试点经验，有力支持了中国（广东）自由贸易试验区、粤港澳合作和广东经济金融高质量发展。

作者李思敏同志是我在广东工作时的同事，在过去十年里，她参与制定了全国跨境人民币结算管理办法，负责牵头设计推动广东跨境人民币结算业务，亲历了人民币国际化的发展进程，对人民币国际化的“起承转合”各项工作具有更直接、更全面、更深入的体会与思考。这部《币潮岁月——亲历人民币国际化十年历程》是李思敏同志的心血之作，它没有学术专著的高冷，也没有自传小说的猎奇，而是把一个个有温度的小故事娓娓道来，让金融工作者乃至普通大众读者都能够透过这些小故事了解人民币国际化的历史进程与重大意义。特别是当前全球经济正面临百年未遇之大变局，在新的历史起点上，人民币国际化作为一项长期复杂的系统工程，既面临重大的发展机遇，也面临诸多的现实挑战。该书在总结历史经验的基础上，对人民币国际化在新时代新形势下的发展提出了专业研判与深刻见解，具有很好的研究价值和参考意义。

在萧瑟的寒风中，北京迎来了当年的第一场大雪。看着窗外大片的雪花尽情地洒落，我仿佛感受到厚厚的积雪下面，生机勃勃的嫩芽正在顽强地伸展，为日后茁壮成长、枝繁叶茂积蓄力量。我坚信，在各方有识之士的持续共同努力下，随着我国综合国力提升以及深度融入全球经济，今天已在国际货币体系中崭露头角的人民币，未来也必将在世界各地开枝散叶，为全面推进我国改革开放、加强全球经贸合作、实现世界经济可持续发展发挥更加重要的作用。

是为序。

中国互联网金融协会会长

李東榮

2020年1月

前言

从历史唯物主义的角度来看，回顾、总结任何变革的诞生以及新生事物的发展，可以发现其具有历史必然性，都是水到渠成、波澜壮阔的。然而，作为具体的个人，如果亲历其中，置身于某个发展过程，每一次决定、每一个选择却又是偶然、不可复制的，跌宕起伏，扣人心弦。人民币国际化正是如此。毫无疑问，人民币国际化作为我国金融领域的重大制度性创新和变革，是中国社会经济发展、中国大国金融走到21世纪的必经之路和必然选择，是历史发展不可逆转的潮流。很多年以后，当我们回过头看今天以及10年前所发生的一切，会不会感慨，即使不是我们也会有另外一群人，即使不是这个十年也会在下一个十年去做这个事，而我，以及成千上万从事人民币国际化的同伴们，何其幸运，恰好在这个十年（即2009—2019年）、这个地方，参与并见证了人民币国际化启动的整个过程，成为那个为万丈高楼打桩的奠基人。

尽管历史长河中的一切都显得举重若轻，然而我们在当下时刻所走的每一步、所经历的每一个事件，却都举轻若重，令人印象深刻，散发着因偶然而成的独特魅力。因此，我想站在个体的角度，记录下这个过程中亲身经历的一些时刻、有关人物和事件的点点滴滴。

十年时间很短但也很长。很多人会按时间顺序，找出一些重要节点，作为记号，进行索引。一般而言，大家会把2009年启动跨境贸易人民币结算试点视为人民币国际化开始的标志性事件，并将2009年称为“人民币国际化元年”。这种看法虽然没错，但存在一个小的技术问题。从事件的意义来讲，跨境贸易人民币结算试点的启动，确实标志着人民币全面、正式走出国门。但从称谓上，2009—2013年这段时期，不管是官方正式的文件、发言还是市场非正式的谈论，都很少出现“人民币国际化”的字眼，而是使用“人民币走出去”“人民币跨境使用”的提法。当时，国内强调“多做少说”，低调行事，韬光养晦。在国际上，没有引起太大的关注，争取了几年快速发展的时间。这是一个很有意思的细节，反映了中国在2009—2013年，尤其是中共十八大以后，作为一个大国心态的微妙变化，以及世界对中国看法的不断进步。

2009年7月7日，广东的广州、深圳、珠海、东莞四个城市与港澳地区作为首批试点城市，率先启动跨境贸易人民币结算试点，拉开了人民币国际化的序幕。从2009年到2019年，短短十年间，人民币跨境使用由星星之火成燎原之势，其中，2018年我国跨境收支超过三分之一以人民币结算，人民币是全球第五大收支货币、第三大贸易融资货币、第五大储备货币。广东依托毗邻港澳的区位优势，跨境人民币结算业务一直走在全国前列，成为跨境人民币结算的先行区和示范区，中国人民银行大区行的领导和同志们为此做了大量的工作；中共广东省委、广东省人民政府高度重视跨境人民币业务，政府相关部门也给予了大力支持；辖内银行主动沟通，积极反映业务需求，配合推进业务；等等。这一切都成为我写这本书的动力。人民币国际化在广东实践的那些年、那些人、那些事，在漫长的历史长河中，不过是浪花一朵，但我相信浪花所汇必成洪流，洪流所过必有回响。

我们曾经经历历史，而如今又站在了新的历史起点，人民币国际化再次处于重要战略机遇期。一国货币要让全世界认可并接受，不仅仅是一个经济问题，而是要以国家综合实力作为支撑，取决于国际力量的对比和国际格局的变化，人民币国际化不是我们主观上可以决定的，也非一日之功。我们坚信，只要朝着既定的目标，一步一步做好自己的事情，落实好各项深化改革的措施，人民币国际化一定会水到渠成。

目录

第一章 潮起珠江 人民币跨境结算的酝酿

人民币在港澳跨境流通的萌芽和发展 / 3
人民币跨境使用的呼声 / 5
研究试点方案 / 9
情人节的“脱钩” / 11
跨境人民币业务系统建设 / 15
300家试点企业 / 16
银行积极参与试点筹备 / 17
四轮系统测试 / 18

第二章 顺势而为 人民币跨境结算试点蹒跚起步

7月7日772万元 / 23
新闻发布会 / 24
打通报关和退税环节 / 26
晚上6小时会议 / 27
坚持问题导向 / 29
“保姆式”服务 / 31
地方政府的支持 / 32
与港澳金融管理局沟通协调 / 34
多个全国第一 / 35
“多做少说” / 38

第三章 优势显现 市场内生动力开始形成

率先实现经常项目业务全覆盖 / 43
特里芬难题 / 44
中新广州知识城成为示范区 / 45
香港商户青睐人民币 / 47
支持港珠澳大桥项目 / 48
打好港澳牌 / 50
政策宣传显成效 / 52
推动人民币计价 / 54
主动防范风险 / 55

第四章 创新驱动 人民币跨境使用不断扩大

“小微团”服务小微企业 / 61
助力跨境电商发展 / 62
非居民跨境人民币缴税 / 63
探索跨境人民币融资 / 64
点心债成了香饽饽 / 66
澳门投资怎么进来 / 67
引领自贸区扩大开放 / 68
人民币国际化浮出水面 / 71

第五章 市场变化
人民币国际化在波动中前进

改革的最佳时机 / 75
业务发展进入新阶段 / 76
人民币“入篮” / 78
应对跨境资金流动风险 / 80
艰难时刻笃定前行 / 82
促“一带一路”资金融通 / 83
跨境人民币资金池业务降门槛 / 85
建立广东跨境人民币自律机制 / 87

第六章 经历风雨
人民币国际化走进新时代

迎来新周期 / 91
金融开放进入快车道 / 93
“NRA+”业务创新 / 95
关注中美贸易摩擦的影响 / 98
Libra一石激起千层浪 / 101
机遇与挑战 / 103
粤港澳大湾区谱写“新粤曲” / 104

结语 / 108

第一章

潮起珠江

人民币跨境结算的酝酿

2009年7月，外向型经济发达的上海和广东四个城市成为首批试点地区，正式启动跨境贸易人民币结算试点工作，人民币从此迈出了走向世界的步伐。实际上，在跨境贸易人民币结算试点工作启动之前，人民币在我国边境地区被接受、被使用是有一定历史和基础的，这为后来的试点打下了良好基础。因此，人民币国际化有必要从更早的年代谈起。从20世纪90年代开始，与我国接壤的一些地区和国家由于边境贸易产生了零星的跨境人民币流通和使用。广东在地理上毗邻港澳，历史文化上与港澳一衣带水，下面我们从港澳的视角来了解人民币早期在周边地区和国家的使用情况。

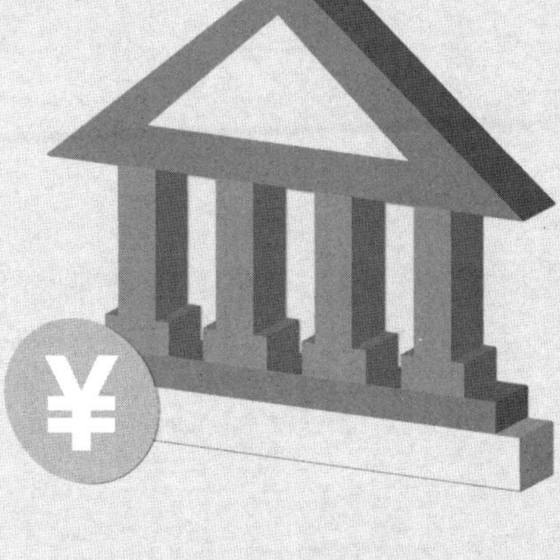

人民币在港澳跨境流通的萌芽和发展

中华人民共和国成立初期，我国按照苏联模式，不允许携带人民币现钞出入境。1951年3月，中央人民政府政务院专门颁布《中华人民共和国禁止国家货币出入国境办法》，禁止人民币现钞出入境。后来，限制有所放松，1957年和1987年中国人民银行（以下简称“央行”）两次发文，分别允许每人每次携带5元和200元人民币现钞出入境。因此，人民币在境外少量出现。20世纪60年代的中国出口商品交易会上，曾经试行过人民币计价业务，但真正使用者却寥寥无几。

人民币在港澳流通的萌芽

20世纪80年代至90年代初，由于香港国际时尚消费品丰富且价格远低于内地，广东很多居民都曾委托亲朋好友在香港采购消费品，这些居民的个人行为激发了大量的货币兑换需求。那时到香港的内地客中，远洋运输公司的船员最多，香港岛上环是他们集中的登岸地，所以那一带最早出现了货币找换店，数量也最多。随着时间的推移，进入香港市场的人民币不断增加，一些商店（比如金银饰品等消费行业）开始受理人民币消费和购物，不过金额小的一般按汇率1：1收取，商家有一定溢价。澳门由于与香港经贸往来多，也产生了类似的需求和市场，但不成规模。

1993年，国家将携带现钞出入境的限额提高到每人每次6000元人民币。这是对市场需求的积极回应，大大便利了内地和香港居民的跨境交往和人民币消费性支付，香港地区的人民币现钞流通和兑换业务得到迅速发展。据估计，此后香港规模较大的100多家货币找换店的日均人民币兑换量迅速达到100万元人民币。

随后，一些银行也加入了开办人民币兑换业务的行列。1993年，香港宝生银行率先开展了人民币兑换业务，并获许将人民币残钞运到中国人民银行深圳经济特区分行兑换新钞，同时在香港也为其他银行开办人民币残钞兑换业务。1999年4月，央行批复中银集团，同意其在香港全面开办人民币现钞兑换业务，但要求其自求平衡，不得在境外开办人民币现钞存款等其他业务。

不能吸收存款，不能贷款，只能兑换，开办人民币兑换业务对香港银行本身来说仅是多了一项服务，谈不上盈利。银行兑换业务越大，持有的人民币头寸越多，风险敞口也越大。风险收益不成比例，所以，香港银行开展人民币兑换业务的积极性不高，大部分人民币现金暂时在市面上、找换店和居民手中漂泊。

人民币在港澳流通的发展

2003年7月28日，国家出台了一项重大政策，允许广东四个指定城市的居民开始办理港澳个人游。此时，如何便利内地居民在港澳的消费、如何引导境外人民币有序回流被央行正式提上日程。后来被市场称为“人民币先生”的时任央行行长周小川首次尝试了推动人民币“走出去”的宏伟设想，选择了毗邻香港的深圳，这个改革开放的窗口，作为最初的试验田。

2003年11月19日，央行宣布为香港银行办理个人人民币业务提供清算安排，授权中国银行（香港）有限公司（以下简称“中银香港”）为香港银行个人人民币业务的清算行，从2004年1月1日起，为参加清算业务银行办理个人人民币存款、汇款、兑换和银行卡等四项业务提供清算服务。2004年1月18日起，内地银行发行的印有银联标识的人民币卡开始在香港使用。2004年4月底，香港银行推出人民币银行卡服务。2005年11月1日，央行进一步扩大了为香港银行办理人民币业务提供平盘及清算安排的范围。

在借鉴香港银行开办个人人民币业务经验的基础上，应澳门特区政府的要求，2004年8月4日，央行宣布为澳门银行开办个人人民币业务提供清算安排，甄选了中国银行澳门分行（以下简称“中银澳门”）为澳门个人人民币业务清算行；同年11月上旬，中银澳门正式为首批开办人民币业务的澳门银行提供清算服务。

可以看到，2003年、2004年港澳个人人民币业务的开展，既是港澳个人自由行在跨境支付方面的配套政策，更是央行对人民币国际化的早期实践探索，它解决人民币合法回流问题，便利了两地经贸、人员往来，刺激了港澳旅游收入和消费的增长，加速了两地经济融合。同时，也为港澳银行业开辟了新的业务领域，获得了港澳各界好评。更重要的是，港澳个人人民币业务成为一个开端，此后点心债、人民币支票等各类业务探索都蓬勃发展起来，也为日后人民币跨境贸易结算的推出积累了经验，奠定了基础。

人民币跨境使用的呼声

港澳个人人民币业务启动以后，发展很快，取得的社会效益也显而易见。于是，内地、香港都有了更多、更进一步的想法。比如，香港愈发觉察离岸人民币业务对其巩固国际金融中心地位的重要性，多次通过各种途径表达诉求。特别是当时新加坡的无本金远期交割外汇交易业务发展很快，巨大的交易量对其形成较大压力，香港迫切需要争取人民币离岸市场的定价权。

而在内地，自从1992年中共十四大明确提出要建立社会主义市场经济体制以来，我国经济总量快速增长，实体经济融入世界经济的程度不断加深，适时放开人民币跨境计价结算，有利于我国在推进实体经济对外开放的基础之上，推进金融体系的改革开放，充分发挥金融在市场资源配置中的作用，促进中国经济持续发展。在中国从事金融改革和政策制定的人都清楚，出台一项重大金融政策并不能纯粹为了金融创新而创新，往往需要一个契机，即与实体经济密切结合的契机，比如国家放开港澳自由行就是港澳个人人民币业务的契机。中国在等待这样一个时间窗口来掀起新一轮金融改革大潮，但谁都无法预期这个时间窗口何时到来。

“组合拳”第一招——与韩国的货币互换

2008年美国爆发次贷危机，美国国内有800万人失业，600万人因为还不起房贷而无家可归。纵横世界市场上百年的金融大鳄——美国国际集团（世界著名保险及金融公司）和雷曼兄弟公司（美国最大、历史最悠久的投资银行之一）轰然倒塌，摩根士丹利出现巨额亏损，曾经雄霸世界汽车市场的通用汽车公司宣布破产，美国房地产抵押贷款巨头房地美、房利美于2008年7月身陷700亿美元亏损困境，美国经济顷刻间陷入一片凄风苦雨之中。次贷危机迅速波及世界其他地区，掀起了规模空前、威力无比的金融海啸，瞬间席卷了全世界，将全球都带进了史上罕见的危机深渊当中。

当时，亚洲第一个遭殃的是韩国。次贷危机爆发以后，韩国股市曾一日内大跌126点，创韩国当时历史最大点数跌幅，韩元汇价也跌至1997年亚洲金融风暴后新低。英国《金融时报》发表专题报告分析称，韩国经济危机四伏，可能步冰岛后尘，踏上濒临破产之路。尽管韩国外汇储备仍然高达2400亿美元，但受累于短期流动性不足，标准普尔（世界权威金融分析机构）仍把韩国七家银行纳入“信用观察”名单，进一步加深市场疑虑。为此，韩国政府向东亚一些邻国求援，提出总值800亿美元的货币互换方案，其中就包括中国。面对韩国银行的请求，我们想，虽然中国外汇储备比较充裕，但当时其实也有困难，不知道金融危机会发展到什么程度，也不知道会对我国产生多大冲击。既然中国和韩国有很多双边贸易进出口，那为什么货币互换不使用双方自己的货币呢？尽管人民币当时还未实现可兑换，不是硬通货，但实施互换后仍可以增强信心，对稳定韩国当时的金融局势有帮助。于是就把这一设想反馈给了韩国。韩国很快就同意了我们的建议。同时，韩国还提出一个问题：互换所得的人民币是否可以在双边贸易和投资中使用？因为韩国当时的资本流出比较严重，而韩国每年要从中国进口大量货物，如果用互换所得的人民币去支付，就可以缓解韩国国内美元的紧张状况。这一提议也得到了中国认可。

2008年12月12日，中韩双方签订双边本币互换协议，规模为1800亿元人民币（38万亿韩元），协议有效期为三年，经双方同意可以展期。这份协议的签订，充分体现了双方加强合作、共同应对危机的意愿，并以此增强市场信心、促进地区金融稳定。随后，央行又陆续与中国香港特别行政区以及马来西亚、白俄罗斯等国家签订了双边本币互换协议。金融危机之下，在央行合作层面，人民币获得异常迅速和广泛的认可。直到今天，很多人在谈及人民币国际化的时候会强调跨境贸易人民币结算试点，却往往忽略了央行层面启动的货币互换。确实，货币互换很多时候是象征意义，具有提振和稳定市场信心的作用。而中国更赋予货币互换的一个新的功能，就是促进人民币在跨境贸易和投资中的使用。

“组合拳”第二招——跨境贸易人民币结算试点

如果说，货币互换是金融危机时期央行层面和政府层面的操作，那么跨境贸易人民币结算则是商业金融机构层面和企业层面的尝试。现在看来，推动人民币国际化的“组合套拳”是全方位的、多层次的。

事实上，央行早在2008年以前在理论层面探讨过试点人民币跨境贸易计价结算，但毫无意外都流产了。一开始有些人的想法是通过边境贸易推动，因为当时边境贸易存在使用人民币计价结算的现象，在官方层面重申政策放开，似乎是水到渠成、阻力最小的操作，而且接壤的基本都是一些小国，交易量不大，政治影响也小，风险可控。但这真的是我们想要的结果吗？在一些影响很小、经济不发达的边境地区小打小闹真的是我们推动人民币国际化的最佳起点吗？央行的抱负显然更大，视野也更宽。通过边境贸易推动人民币国际化、以“农村包围城市”模式开展试点的想法并没有获得央行的青睐和认可，很快就被搁置。

直到2008年美国次贷危机的爆发，使得我们不仅在国内有了政策出台的经济缘由，在国际上也具备了道义上的制高点。机不可失，时不再来。央行的改革者们非常敏锐地抓住了这稍纵即逝的时间窗口，迅速反应，接连采取了两项措施。第一项是货币互换业务，第二项是跨境人民币计价结算，正式奠定了人民币国际化的基础。而且，这一次，央行彻底放弃“农村包围城市”的战略，选择国际金融中心——香港以及内地经济金融最发达的省市——上海、广东作为起点，直接把人民币国际化作为金融改革的全局性最高目标，而不是局部试验。这种战略定位也为未来人民币国际化迅猛的发展奠定了基础。

金融危机爆发后，作为外贸大省的广东首当其冲。当时，我负责广东的外汇管理工作，地方政府、企业都表示对国际形势和内外需求的担忧，特别是对外汇汇率非常敏感。面对焦虑的市场，我们一方面积极出台了常规的稳外贸措施，另一方面也在探寻更有效的措施帮助外贸企业规避汇率风险、降低汇兑损失，渡过这个难关。

圣诞节前的北京会议

2008年12月24日下午，央行召开专题会议，研究推动跨境贸易人民币结算试点落地。窗外北风呼呼，央行“古堡”大楼里的会议室热火朝天，参会人员除央行相关领导同志和相关司局负责人外，主要是广东和上海两个地区的中国人民银行相关负责同志，讨论的重点聚焦在“在哪做”（地域选择）、“谁来做”（企业选择）和“怎么做”（真实性审核、清算等）等问题上。关于“在哪做”（地域选择），我们的意见是希望在珠三角地区率先试点。当时主要有这么几个方面的考虑：首先，广东是外贸大省，金融危机对企业冲击比较明显，珠三角地区出口总额占全省的比重超九成，开放人民币贸易结算试点是对外贸企业的最大支持。其次，珠三角地区广泛采用与香港“前店后厂”模式，港资企业在香港注册公司并管理资金，生产工厂则设在珠三角地区，两者资金往来不断，允许用人民币结算的话，既减少汇兑成本又降低汇率风险，既省钱又方便，可为港企减少2%～3%的成本，容易开展人民币结算试点业务。再者，广东具有支持港澳人民币业务清算结算的基础设施和业务经验积累。2008年1—11月，粤港港元票据联合结算系统累计结算金额达98亿港元，人民币支票结算金额3211万元，粤港美元实时支付系统结算金额50亿美元，粤港港元实时支付系统结算金额130亿港元。此外，为支持港澳银行个人人民币业务发展，还完善了现代化支付系统处理中心软件，实现内地大额实时支付系统与港澳人民币清算行的连接。

至于具体试点城市的选择，广州和深圳作为珠三角地区的两个重要代表城市，是试点城市的首选。选择东莞，则主要是因为其是除广州、深圳以外的广东省内进出口额最大的地级市，并且当地的外资企业数量和规模在珠三角地区均具有一定影响。至于珠海，除了当地明显的外向型经济特征以外，主要考虑了地理位置上邻近澳门的因素。

关于试点企业的选择，外贸企业都有需求，港资、澳资企业也有着更加突出的需求，应比内地企业更加优先试点。对于试点企业的资格，主要是要求其持续经营1年以上，在相关部门无不良经营记录。事实上，最终我们通过广东省人民政府向国务院推荐的试点企业是均衡考虑了所有制形式、行业分布等因素的。

该次专题会议决定出台跨境贸易人民币结算政策，支持实体需求，肯定了广东的想法和建议。会后在返程航班上，我看到同一时间温家宝总理主持召开国务院常务会议，把跨境贸易人民币结算作为稳外贸的一项重要措施。

研究试点方案

我们开始着手研究起草广东的跨境人民币结算试点方案。我带领相关人员到企业、银行了解具体的需求，如何将其变成工作流程；风险点在哪里，万一有了风险如何化解。

在深入了解企业需求和广泛征求相关部门的意见基础上，我们几易其稿，在一个月的时间里初步完成了《广东与港澳地区货物贸易人民币结算试点方案》（以下简称《试点方案》），并于2009年2月10日报送广东省人民政府。《试点方案》按照统筹协调、稳步推进、立足当前、着眼长远、安全便利、风险可控的原则，在资金清算、贸易真实性审核、进出口报关、出口退税、账户融资、货币兑换及监管等方面做出了周密安排，为争取试点打好基础。

加强贸易真实性管理。对于试点工作，风险可控是第一位的。在2008年12月的专题会上，央行明确强调要高度重视和密切关注试点工作中可能存在的风险，严格审查贸易的真实性。经过充分论证并借鉴国际经验，按照兼顾风险可控和便利性的原则，《试点方案》中提出了"试点企业对贸易真实性负责，试点银行履行贸易真实性审核职责"的基本原则，并分进口和出口、实收实付和预收预付等不同情形，明确试点业务办理的真实性审核要求。

设计两种清算渠道。按照试点工作采用多种清算渠道，既可利用深港之间已有的清算方式，也可采用代理行方式的工作要求，我们充分发挥广东的地域优势，积极借鉴个人人民币业务的经验，依托现有的金融基础设施，设计了两套跨境资金清算方案。

一是依托现代化支付系统。广东省内商业银行直接参与者分别在当地人民银行分支机构开立清算账户。所有来往港澳的清算业务通过清算账户进行，清算资金的划拨通过城市处理中心与国家处理中心逐笔实时进行。该方案的主要特点是中国现代化支付系统具备信息监测子系统，可用于监测试点业务，风险可控，便于操作。后来的实践证明，在试点业务启动之初，该方案成为试点企业的首选。

二是依托粤港联合结算系统。广东省内的商业银行与粤港实时支付系统处理中心直接联网。粤港之间的人民币资金清算可通过人民币跨境代理行账户逐笔实时进行。该方案的主要特点包括：票据结算方式尤其符合珠三角地区和香港使用支票和汇票结算的习惯；粤港实时支付具有业务逐笔处理、资金全额清算、资金实时到账的特点；能快速完成增加币种、增加香港直接接入银行的功能，适应粤港货物人民币结算试点需要；能依据监管需要增加清算账户控制管理、反洗钱监测以及往来资金分析统计等功能。

确定港澳银行融资和货币兑换安排。尽管港澳地区在跨境贸易人民币结算试点之前已经沉淀了一定的人民币资金，但是未必能够满足跨境贸易结算所需。因此，相关参与银行的人民币头寸补充的制度安排显得尤为重要。《试点方案》中对这一工作进行了安排：

港澳人民币清算行可作为中国外汇交易中心会员，进入内地银行间外汇市场平盘；可逐级向央行申请调整可持有人民币头寸，以满足开展与广东货物贸易人民币结算需要；清算行也可以在可持有人民币头寸内按照国内银行间市场拆借管理相关规定进入国内银行间市场进行拆借。

港澳人民币代理行可在央行批准的额度内，汇入自有人民币或者向为其开立人民币代理行账户的广东省内试点银行购买人民币，作为其人民币代理行账户的铺底资金；可以双方在手未结的货物贸易应收应付余额为限，与为其开立代理行账户的广东省内试点银行开展账户融资；可以将其人民币代理行账户余额超出部分，售卖给广东省内试点银行。

广东试点银行可以在央行批准的额度内向其人民币港澳代理行售卖人民币铺底资金；可以为代理行基于真实交易背景开展账户融资。

情人节的“脱钩”

推动跨境贸易和投资中使用人民币，不仅银行体系要做工作，还需要各方面提供配套政策支持。央行本身既不做贸易，也不做投资，只负责制定政策，但政策的具体执行和应用不在央行层面。央行对人民币跨境结算的态度是尽量开绿灯，不管是外汇管理方面，还是贸易协定方面的规章制度，凡是涉及歧视人民币的都应改掉。但即便如此，跨境贸易和投资还涉及很多部门，这些部门也要做相应的规则修改，出口退税问题就是典型的案例。

出口核销与出口退税的历史渊源。根据国际惯例，从1985年起，我国对出口商品实行了退税制度。退税制度建立初期，一些出口单位利用管理漏洞，骗取国家出口退税。为加强出口退税的管理，国家税务总局、国家外汇管理局（以下简称“外汇局”）等六部门发布了《出口收汇核销管理办法》，从1991年1月起，外汇局对贸易出口实行出口收汇核销管理，规定出口单位在办理出口退税后，每半年向主管出口退税机关提供外汇管理部门出具的“出口收汇已核销证明”，证明申请退税的出口项下的货款已经收汇并经外汇管理部门核销，从而将出口退税与出口收汇核销挂钩管理。此后，外汇局与税务部门不断提升联动管理手段，加强出口收汇核销与出口退税的联动管理。1993年7月，税务部门实行利用外汇局的出口收汇核销电子数据进行出口退税电子化管理。

出口退税与出口核销挂钩有特殊的历史背景，通过挂钩，税务部门和外汇局互相配合，减轻了各自所面临的压力。跨境贸易采用人民币结算，出口收汇的是人民币，没收到外汇，如果不予办理退税，企业就会蒙受百分之十几的损失，得不偿失。所以，推进跨境贸易人民币结算，必须要有配套的税务安排，也就是收汇人民币的出口也一定要退税。

东莞会议。2009年2月14日，央行司长与税务总局流转税司司长赴东莞调研（前站是上海、深圳），主要为了弄清楚跨境贸易人民币结算是否需要核销，弥合分歧。调研主要听取地方从事外汇管理具体工作同志的意见，在此基础上，调研组进行讨论，争取达成一致意见。东莞是最后一站，打算对三地调研形成结论。各部门意见是继续采取核销方式对跨境人民币结算业务进行管理，央行则坚持认为外汇核销存在诸多问题，不宜再延伸到人民币业务，提出总量核查管理方式。那天我带同事到了东莞，在会上客观反映实际情况，并支持本币优先原则。在会上，跨境贸易人民币结算试点最大的分歧得以弥合，为跨境贸易人民币结算试点启动统一认识。这天适逢西方情人节，会议所在酒店还贴心地为大家送上玫瑰花，大家开玩笑地说，“在情人节这天，出口退税和出口核销在为分手做准备”。

深入论证。2009年3月19日，在论证试点工作的最后阶段，有关部委联合组成的跨境贸易人民币结算试点调研组在珠海召开座谈会，目的是了解试点的风险可控性，同时了解试点地区政府和相关部门的工作准备情况。会上，我作为代表报告了广东省试点工作准备情况，同时还汇报了广东与港澳跨境贸易人民币结算业务量的测算规模。根据我们的初步测算，预计2009年广东与港澳跨境贸易人民币结算业务量分别约占2008年广东贸易收支和跨境收支的0.9%～1.6%和0.6%～1.1%，风险总体可控。座谈会上也再次就出口退税管理问题展开深入讨论。参会的税务部门同志表示：目前报关单、增值税发票和核销单三单退税的方式已沿用多年，税务部门的系统与外汇局系统实行联网核查，均运行良好。如果人民币结算不采用核销，税务部门担心造成骗税漏洞。此外，央行如果使用新的系统，税务部门的系统也要相应地修改，会增加行政管理成本，而且央行的新系统运行后，与海关税务部门的系统还需要时间磨合。因此，为使出口退税程序便利、简单、快捷，同时也为了防止骗税，希望继续沿用现有的外汇核销系统。针对税务部门的顾虑，央行司长进行了解释，并要求我们要加强与地方政府和相关部门的沟通协调，对于骗税问题更要加强研究。

经过多次论证，得出结论：目前出口收汇核销对防范出口骗退税行为的作用已不明显，跨境贸易人民币结算不实行出口收汇核销利大于弊。具体来看，有以下四个方面的考虑。

一是出口收汇核销防范出口骗退税行为的效果并不显著。通过大量出口骗退税具体案例分析，骗税的关键环节在于增值税发票的管理和出口报关通关管理。由于地下钱庄、黑市的猖獗，从防范出口骗退税行为的角度分析，出口收汇核销只起到增加不法企业骗税成本的作用。广东省税务部门的同志也表示：目前的出口收汇核销制度对出口退税管理有一定的作用，但并没有起到关键作用。

二是逐笔核销的做法已不适应贸易形势发展的需要。当时核销制度所要求的逐笔出口与收汇进行对应核销的做法，实际上已发生根本性的变化。变化在于：出口企业的贸易方式和出口商品种类日益繁多，企业办理出口退税所对应的出口和在外汇局办理的核销所对应的收汇有相当一部分不存在实质的对应关系，俗称“滚动核销”。也就是说，表面上企业办理收汇核销后才办理出口退税，但实际上企业会选择出口退税率高的商品先办理核销先退税，而且不理会所对应的收汇原本属于哪类商品的出口收汇。对于退税率低的商品出口，企业办理核销的意愿明显不高。

三是脱钩符合当时经济发展需要，有利于进一步促进贸易便利化。随着对外贸易规模的不断扩大，原有的建立在计划经济时期的逐笔匹配出口与收汇情况的出口收汇核销管理模式已不适应当前市场经济发展的需要，实施出口收汇核销制度改革具有重要的现实意义。出口收汇核销与出口退税管理实行脱钩，符合市场经济发展的需要，大大便利了出口企业从事正常的外贸经营活动，减少中间环节，降低经营成本，进一步促进贸易便利化。根据2008年12月国务院办公厅下发的《关于当前金融促进经济发展的若干意见》第六条“改进外汇管理，大力推动贸易投资便利化”有关“加快进出口核销制度改革，简化手续，实现贸易外汇管理向总量核查、非现场核查和主体监管转变”的意见，外汇局已将进出口收付汇核销制度改革列为2009年外汇管理重中之重的工作项目。

四是出口收汇管理已经具备与退税脱钩的条件。2008年7月，外汇局出台了出口收结汇联网核查政策和贸易信贷登记管理政策。同年8月，国务院发布施行《中华人民共和国外汇管理条例》，提出了贸易真实性审核的管理原则，并细化了违法出口收汇管理相关的处罚法规。出口收汇管理已具备不依靠出口退税进行独立监管的条件。经过仔细论证，最终各部门都接受了跨境贸易人民币结算不核销的做法，为试点的成功启动解决了关键问题。

跨境人民币业务系统建设

试点工作的重点是建立并完善跨境贸易人民币结算的制度和政策框架，参照国际通行的做法，淡化事前行政审批，加强事后监控和信息共享，在便利企业、银行办理业务的同时，有效防范风险。而加强事后管理，及时发现和处置试点业务办理过程中出现的风险，离不开管理系统的支持。当时，有一种意见：外汇管理系统是在多年外汇管理实践中建立起来的，基本能够满足对跨境业务管理的需要，因此在现有外汇管理系统中增加人民币币种，即可用较少的成本实现对跨境贸易人民币结算业务的管理。但也有一种意见认为，跨境贸易人民币结算业务是我国金融领域重大改革创新，在管理目标、管理方式上不同于外汇管理，如果直接使用外汇管理系统，将很难突破原有的外汇管理框架开展制度创新，因此，应该根据跨境贸易人民币结算业务的特点和管理需要建立专门的管理系统。

央行很快就做出决定，要建立人民币跨境收付信息管理系统。2009年1月23日，在央行大楼会议室里，研究了系统开发相关事宜。会上给我们下达了任务，要求要在跨境贸易人民币结算试点启动前，完成人民币跨境收付信息管理系统（以下简称“管理系统”）开发工作，届时管理系统与试点业务要同步推出。当时，我们都觉得开发管理系统是个大工程，是短时间内不可能完成的任务。

然而，事实证明，我们低估了央行推动跨境贸易人民币结算试点的决心和毅力。经过三个月的连续苦战，人民币跨境收付信息管理系统终于如期完成开发和系统测试，该管理系统具备信息采集、业务审核、监测管理、统计分析、服务与系统管理等功能，支持央行对跨境人民币业务进行监测管理和统计分析；为商业银行开展跨境人民币收付业务提供必要的信息支持，可以与海关、税务等政府部门开展数据交换，实现对跨境人民币业务的合力监管。

300家试点企业

在跨境贸易人民币结算试点启动之初，为有效控制业务风险，同时达到一定的试点效果，可以参与跨境贸易人民币结算的仅限于试点企业。广东上报的300家试点企业，是由广东省人民政府协调试点城市有关部门推荐，国家六部委进行审核，按照国际结算业务经验丰富，遵守财税、商务、海关和外汇管理各项规定，资信良好，具有一定进出口业务规模和现实需求的标准挑选的。试点企业须如实注册、真实出资并在所在省区市具有实际的营业场所，遵守跨境贸易人民币结算的各项具体规定。

国家六部委在试点启动初期确定的广东省试点企业实际只有273家，其中广州88家、深圳91家、珠海38家、东莞56家。尽管出于风险可控等因素考虑，首批试点企业数量有限，但多数都是规模相对较大、在当地具备一定影响力的大型优质企业。当时珠海推荐的首批试点企业，其2008年与港澳的进出口量占全市与港澳进出口量的21%。

回过头来看，我们发现当初筛选的部分试点企业后续开展的人民币结算业务占比并不高，个别企业甚至从未采用人民币结算。这说明，试点企业的人民币结算意向要转化成人民币结算的实际行动并不容易，人民币国际化十周年取得的成就实属不易。在很多重大金融改革工作中，尽管我们在改革初期进行了深入的论证，考虑了各种可能性，但是市场实际运行情况仍受到这样或那样的因素影响。甚至，有时某些并未预计到的因素却主导了改革的进程。这给予了我们新的启示：有时候，改革的时间窗口比基础条件更为重要，暂时不具备的基础条件可以在改革的过程中不断完善，但时间窗口稍纵即逝。

银行积极参与试点筹备

2009年2月，广东跨境贸易人民币结算试点筹备工作进入关键阶段，辖内的中国银行、中国工商银行、中国建设银行、中国农业银行广东省分行和中信银行广州分行高度重视，成立了行内工作小组，全力支持央行的筹备工作。这些银行抽调出了国际结算、信息技术、结算清算的专家参与跨境贸易人民币结算试点筹备工作小组，参与对未来广东地区的人民币跨境结算业务的系统开发、制度建设和操作、管理流程设计。相关工作人员怀着崇高的责任感和使命感，一丝不苟、全身心地投入筹备工作，以丰富的经验、高超的水平和优秀的职业精神与敬业之心，成为广东跨境贸易人民币结算试点筹备工作小组的核心骨干力量。事实证明，试点工作也为各家银行培育了一批国际业务人才。

在试点即将启动之前，我们明确了根据试点企业的选择最终确定试点银行的业务方案。因此，获得企业的最终认可将成为能否参与首批试点业务的关键。为此，相关银行立即将试点企业的名单发给一线经营部门，组织发起高密度的、集中的精准营销。针对重点企业，更由银行领导出面争取，无形中给试点企业做了知识普及，为下阶段的办理试点业务做好了充分的客户基础准备。

2009年7月初，离试点启动的日子越来越近，中信银行广州分行为了防范不可预见的变化和风险发生，特意挑选了三家进出口企业，要求其分别向该行提供三套不同贸易业务项下的付款单据来适应各种变化。这三家企业的贸易业务有一个共同特点，就是常年都会进出口一些技术含量比较高的大型成套设备。而跨境人民币业务对这类跨境贸易特别有利，因为大型成套设备的建设周期比较长，常常要三到五年的时间，在此期间的汇率风险波动比较大。如果以人民币结算的话，可以规避汇率风险，为企业降低资金成本风险。

四轮系统测试

跨境贸易人民币结算

资金清算渠道畅通是跨境贸易人民币结算试点工作的重要保障。大潮启珠江，为确保跨境贸易人民币结算试点万无一失，在试点启动之前，我们组织粤港澳三地有关金融机构前后开展了四次清算行模式资金清算的系统测试。

首次测试在2009年2月25日，中国工商银行广东省分行和中国银行广东省分行分别同中国工商银行（亚洲）有限公司（以下简称“工银亚洲”）、中银香港开展了系统测试。测试业务首先为广州企业向香港发起用人民币支付进口贸易，结算方式采用电汇，资金清算由广州的测试银行通过大额支付系统向香港的测试银行发起CMT100（汇兑支付报文），附言栏注明为测试，金额每笔3元。中国工商银行广东省分行和中国银行广东省分行各发出两笔测试业务，均成功；香港的测试银行收到业务后进行确认和处理，并通过大额支付系统发出CMT108（退汇支付报文）原路退回，均成功。

随后的测试业务为香港企业向广州发起用人民币支付出口贸易，结算方式采用电汇，资金清算由香港的测试银行通过大额支付系统向广州的测试银行发起CMT100，附言栏注明为测试，金额每笔3元。工银亚洲和中银香港各发出两笔，均成功；广州的测试银行收到业务进行确认和处理，并通过大额支付系统发出CMT108原路退回。其中，中国工商银行广东省分行发出的两笔退汇业务一笔成功，一笔失败，失败的退汇业务经检查是由于报文中原汇款人名称中的半角括号误输入为全角括号，修改后重新发送，退汇成功。中国银行广东省分行通过CMT108发出的两笔退汇业务均失败，初步判断是其行内系统在退汇业务中对原业务要素中的不可见字符有改动，导致退汇业务与原业务不匹配，中国银行广东省分行最后采用CMT100将收到的两笔业务退汇。

总的来说，第一次测试是成功的，验证了粤港两地人民币资金清算通道的双向畅通。但中国银行广东省分行的退汇业务通道需改进。在接下来的4月15日、4月20日和7月6日，我们不断拓展广东省内测试银行的范围至其他国有银行和部分股份制银行，同时测试的地区覆盖了珠海和东莞两个试点城市，7月6日的测试主要是与澳门地区银行开展。

经过多次在真实交易环境下的测试，验证了粤港澳银行跨境人民币资金清算通道的双向畅通，同时也发现了部分银行机构内部报文系统的不足，以及操作过程中的关键要点，确保了7月7日试点业务的成功落地。

第二章

顺势而为

人民币跨境结算试点蹒跚起步

2009年4月8日，国务院常务会议审议通过上海、广东上报的跨境贸易人民币结算试点方案，决定在上海和广东省内的广州、深圳、珠海和东莞四城市开展跨境贸易人民币结算试点。这意味着跨境贸易人民币结算试点启动进入了倒计时，经过三个多月紧张有序的准备，我们终于迎来了激动人心的一刻。

7月7日772万元

为了确保2009年7月6日上海与香港率先完成全国第一笔业务，广东的业务启动时间定在7月7日。实际上，广东的银行和企业已经难以按捺推动业务尽早落地的热情。7月6日晚，广州、深圳、珠海、东莞四地，多家银行机构的操作人员和负责人都在静候时钟划过23时59分的最后一秒。

7月6日夜晚注定是一个不眠之夜。深夜11点多，我们还在为第二天召开的跨境贸易人民币结算试点新闻发布会做最后的准备工作。当时，我们都热切地希望在新闻发布会上能够对外宣布广东首笔跨境贸易人民币结算业务顺利落地的消息。6日下午，中国工商银行广东省分行、中国农业银行广东省分行、中国银行广东省分行、中国建设银行广东省分行、交通银行广东省分行和中信银行广州分行向我们承诺，已经与港澳的合作银行做好充分准备，在7日凌晨各自发出一笔人民币跨境贸易结算的业务。为确保万无一失，6日深夜，我还特地打电话跟各家银行负责人一一确认首笔业务的准备情况。功夫不负有心人，7月7日上午9点支付系统一开机，显示中信银行广州分行为广州市一家电子科技进出口公司办理了第一笔人民币跨境贸易汇款业务，向香港中信嘉华银行汇出了一笔人民币货款17.9万元，香港中信嘉华银行收到该笔资金并回传了汇款成功入账的信息。当得知首笔跨境人民币汇款已顺利到达香港客户的账户时，我悬在心上的一块大石头终于落地了。在当天召开的跨境贸易人民币结算试点新闻发布会上，时任中国人民银行大区行（以下简称“大区行”）行长马经宣布了这笔业务成功办理的喜讯，为大会增添了喜庆的色彩。

截至7月7日下午5时，六家银行分别通过清算行或代理行方式，成功办理货物贸易跨境人民币结算业务12笔，合计金额772万元人民币，其中汇出款9笔，合计金额752万元人民币，汇入款3笔，合计金额20万元人民币。时隔多年，我依然清晰地记得2009年7月6日那个不眠之夜，大家在办公室既紧张又激动地等待天亮的心情。

新闻发布会

跨境贸易人民币结算，既是在次贷危机给我国外贸进出口带来显著冲击的背景下，国家稳定外贸的重要举措，也是我国金融领域的重大改革。在迈出至关重要一步之际，必须做好相关宣传工作，在社会上形成广泛共识和一致行动。为此，2009年3月中旬，我们已按照央行的相关指导精神，制定了两套宣传工作方案报送广东省人民政府。广东省人民政府对此高度重视，在充分考虑综合操作性和宣传效果等多方面因素的基础上，最终选取了第一套方案，决定由广东省人民政府在试点启动当天召开新闻发布会。

2009年7月7日上午10点，广东省人民政府在广东大厦举行跨境贸易人民币结算试点广东启动仪式暨新闻发布会，广东省省长黄华华、央行副行长苏宁、中国银行行长李礼辉、香港特别行政区政府驻粤办主任郑伟源出席仪式并致辞。广东银监局，广东省金融办、财政厅、对外贸易经济合作厅、国税局，海关总署广东分署，广州、珠海、东莞市政府及有关部门，中国工商银行、中国农业银行、中国银行、中国建设银行、交通银行、中信银行等商业银行总行及分行有关负责人，各大媒体记者等共计200余人出席新闻发布会。

会上，广东省省长黄华华表示，在广东开展跨境贸易人民币结算试点具有极其深远意义，广东省将充分发挥自身优势争取中央政策支持，与港澳全面加强合作，大力推进跨境贸易人民币结算试点工作。央行副行长苏宁对广东开展跨境贸易人民币结算试点提出殷切期望，希望试点企业依法合规开展业务，商业银行积极拓展业务发展空间，为今后逐步扩大试点城市范围积累宝贵经验。香港特别行政区政府驻粤办主任郑伟源表示，跨境贸易人民币结算试点开通后，香港与试点城市企业进行贸易的时候，可以使用人民币进行结算，此项便利措施将大大促进香港与试点城市的经贸合作。大区行行长马经介绍了跨境贸易人民币结算试点管理办法的主要内容，并表示广东开展跨境贸易人民币结算试点有利于外贸企业降低贸易成本、规避汇率风险；有利于进一步深化粤港澳三地经济金融战略合作，实现经济金融持续健康发展。

新闻发布会还安排了答记者问的环节，我同海关总署广东分署、广东省国税局等相关部门的负责同志，分别回应了香港《南华早报》、《南方都市报》和广东广播电视台等媒体的提问。记者们显然是有备而来，提的问题都非常具体，包括广东300家试点企业具体行业分布怎样，各地市数目有多少；试点企业可否享受退税，应如何办理，由什么部门负责主管；商业银行如何承担贸易真实性审核工作，具体如何操作；试点企业是否可以把出口资金存放境外，具体应如何办理；等等。通过答记者问环节，进一步增进了银行和企业对跨境贸易人民币结算试点工作的了解。

这次新闻发布会是我职业生涯中参与策划的最高规格的会议，通过领导的讲话和号召，增强了社会公众对跨境贸易人民币结算试点相关情况和重要意义的认知，宣传了央行贯彻国务院稳定外贸增长的相关工作部署，在有效促进贸易便利化、提高金融服务水平、提高外贸企业抗风险能力及保持外贸平稳发展等方面所做的努力和取得的成效。人民币跨境使用，在全球金融危机带来的一片愁云惨淡气氛中，增添了一抹亮色。这是中国抓住了全球金融危机提供的时间窗口，积极推进金融改革，并成功转危为机的一次胜利尝试。回想起来，如果当年没有抓住及时推动人民币跨境使用的时机，不知往后还要等待多久，这样的机会才会再次降临。

打通报关和退税环节

试点启动后的两个月内，跨境贸易人民币结算试点早期的两个关键配套政策得以落实。2009年8月26日，国家税务总局发文明确了跨境贸易人民币结算试点企业申报办理跨境贸易人民币结算方式出口货物退（免）税时，不必提供出口收汇核销单，同时明确了国家税务总局与央行建立信息共享机制。9月8日，海关总署监管司出台了《关于跨境贸易人民币结算试点有关问题的通知》，明确企业以人民币申报出口货物报关时可不提供外汇核销单，同时企业可以跨地区以人民币申报出口，海关部门不对企业的试点身份做审核。

在试点初期，为加强部门协调，我带领相关人员赴海关总署广东分署、广东省国家税务局以及广东省对外经济贸易合作厅就跨境贸易人民币结算试点相关事宜进行沟通，推动海关和税务的配套政策有效实施，为试点工作取得实际进展打下扎实基础。9月8日上午，我们一行赴广东省对外经济贸易合作厅向海关、税务、外经贸、贸促会、商检局等相关部门通报试点进展情况，并就银行和企业反映的问题进行协商。经过充分协商，海关、税务等部门纷纷表示，跨境贸易人民币结算报关和退税流程与外币一样，不存在障碍，且手续更加简便；各相关部门一致同意建立跨境贸易人民币结算试点工作联席会议机制。通过一系列的沟通协调工作，基本扫除了试点业务早期因相关主管部门政策细则不到位而影响业务开展的各种不利因素。

在我们的积极推动下，9月初，深圳和东莞各完成了第一笔出口退税业务。深圳市一家科技企业于7月7日试点首日办理的出口收款21万元，于9月初收到退税款1097元。东莞市一家纺织公司于9月3日办理了首笔出口退税，棉纺品出口总价为60639元，退税金额9702.24元。尽管首笔退税业务金额不大，但起到很好的示范作用，消除了其他试点企业对人民币结算出口退税的顾虑。

晚上6小时会议

试点的进展似乎并不如预期的那么顺利。与试点启动时市场高度关注形成鲜明对比，广东省业务很快进入缓慢发展期，在个别试点城市，出现连续多天没有一笔业务的情况。试点三个多月，四个试点城市跨境贸易人民币结算业务量尚未达到1亿元，仅相当于广东2008年进出口贸易总额（6833亿美元，折合人民币46698亿元）的十万分之二、广东与港澳进出口贸易额（1422亿美元，折合人民币9719亿元）的万分之一，已发生业务的企业只占试点企业的15%，这相比国家赋予广东“先行先试”重大使命的预期目标还存在很大差距，与广东作为外贸大省和国际结算业务大省的地位也不相称。

9月16日，我们召开会议，综合各方面反馈的情况，对试点业务遇冷的原因进行了深入分析。当时来看，原因主要有四个方面：首先是试点企业数量较少。广东四个试点城市首批试点企业仅273家，其中部分企业由于未做好财务流程改造和人民币计价结算谈判等业务准备，并未实际开展业务。其次，许多外贸企业在试点初期仍不熟悉人民币结算操作流程，习惯于外汇结算路径。由于人民币结算是一个新生事物，虽然有无须办理核销、报关和退税无须提供核销单、取消出口待核查账户等便利，但境内外贸企业对跨境贸易人民币结算全流程操作需要一个逐步消化和熟悉的过程。甚至，部分企业对于出口退税等关键环节仍然心存疑虑。再次，海关、税务等部门相关政策细化和具体配套措施没有落实到位，许多企业抱着“先观望等待、待一切细节明了以后再操作”的心理。尽管国家税务总局与海关部门相继出台了相应的出口退税和海关报关等配套操作细则，但当企业真正操作时，还是会遇到各种各样的问题，如海关基层人员对人民币报关手续不熟悉，使企业办理业务时无所适从。最后，业务培训、政策宣传等引导推广力度有待加强。

面对试点初期业务进展缓慢的局面，新到任的大区行行长有点着急，出于对跨境贸易人民币结算试点的特殊感情，他率领我们赴上海交流如何推动业务发展，紧接着于10月11日晚上在东莞召开会议进行分析。

跨境贸易人民币结算试点似乎与东莞有着特殊的渊源。东莞不仅是全国首批五个试点城市之一，并且跨境贸易人民币结算试点阶段的两个关键会议也都是在这里召开。第一次是2009年2月14日，央行联合国家税务总局在东莞召开的出口退税的讨论会，取得了关键突破，解决了试点启动前临门一脚的退税问题。10月11日，在东莞召开了第二次会议。两次会议均选择了东莞，一方面是因为东莞的外贸体量大（外贸总额长期位居广东省地级市首位），市场需求多元，案例类型丰富，更加有利于掌握市场第一手情况。另一方面，从地理上考虑，东莞也刚好位居广东四个试点城市中心，开会方便。在后来的业务发展过程中，东莞的业务量常年位居广东省地级市首位，不知是否与试点初期的这一段渊源有关呢。

此次东莞会议是在广东省跨境贸易人民币结算试点业务发展明显遇阻的背景下召开的，具有明确的问题导向特征。为了节约时间，参会人员当天下午才陆续报到，简单用过工作餐后，会议于当晚八点开始，一直开到第二天凌晨两点，整整六个小时。为准备当时的会议，各单位做了充足的准备，会前详细梳理了试点业务过程中碰到的问题。针对会议中提出的各个问题，逐条讨论、研究并形成解决意见。经过讨论，本次东莞会议全面梳理了试点过程中的问题，形成了“解放思想、开拓创新、先做后规范”的试点工作原则，并制定了“紧紧依靠地方党政，大力加强对外合作、充分发挥自身职能”的工作方针，发出了以大力度、超常规方式推动试点工作的动员令。这次会议，为解决试点初期许多内外协调、上下沟通的重点问题提供了重要指导，为解决试点过程中遇到的系列重大问题提供了依据，是推动广东试点工作在初期迈过重重困难的重要会议。

坚持问题导向

为推动业务发展，第二次东莞会议结束后的第二天，大区行新成立了跨境人民币结算试点工作办公室，抽调了人员专司职责。并从三个角度梳理了当时迫切需要解决的问题。

需要在政策层面上协调解决的问题

允许所有企业在做进口支付时使用人民币，可不受试点名单限制；

对境外企业的人民币贸易融资实行市场化的利率定价，允许境内银行以Shibor（上海银行间同业拆放利率）为基准，在一定浮动范围内灵活确定对境外企业的人民币贸易融资价格；

尽快扩大境内金融机构人民币债券及国债在香港的发行规模，并允许境内企业、香港银行及企业在港发行人民币债券；

允许境外企业在境内银行开立人民币账户做贸易支付及贸易融资；

尽快扩大试点企业及境内外试点区域的范围；

允许境内离岸业务增加人民币币种；

允许跨境贸易使用现有的边贸人民币同业往来账户，并允许将相关账户信息导入 RCPMIS（人民币跨境收付信息管理系统）；

允许境外人民币持有人购买境内银行提供的人民币理财产品；

允许香港找换店在香港银行开立人民币账户；

允许香港不同企业之间以及个人与企业人民币账户之间资金划转；

协调税务总局允许使用人民币结算的生产型企业可由按月集中申报退税改为逐单申报退税，以缩短其获得退税的时限；

建议海关总署针对企业提出的更改报关币种的情况给予快速核准。

需要商请境外监管部门协调解决的问题

允许香港银行在审核内地汇入的人民币货款时不需审核内地付款企业是否在试点名单上；

鼓励香港所有持牌银行开展人民币业务；

允许八达通（香港通用的电子收费系统）在香港及珠三角地区以人民币销售；

鼓励香港银行开发人民币理财产品及人民币衍生产品；

鼓励香港保险公司以人民币销售保单；

鼓励香港机构以人民币发放工资。

需要清算行协调解决的问题

中银香港根据市场情况适当调整人民币购售价格，以提高企业银行通过清算行结算的积极性；

中银香港要进一步加强作为清算行的服务职能；

希望中国银行进一步发挥在全球尤其是东南亚地区的机构网点优势，积极调动当地分支机构开展人民币贸易结算业务，包括兑换、贸易融资及项目贷款等；

在中越贸易问题上，请中国银行总行协调内地分支机构与越南当地银行建立代理关系的利益分配问题。

按照第二次东莞会议议定的"紧紧依靠地方党政"的工作方针，我们梳理出了关于进一步做好跨境贸易人民币结算试点工作的请示事项，并提请由广东省人民政府上报国务院。当时的请示事项主要包括扩大广东省内试点范围、完善试点企业遴选机制、扩大境外地域范围、多渠道增加境外人民币来源（主要包括海外工程项目融资、人民币境外投资、扩大熊猫债主体范围）、分步并有限度地开放国内金融市场。广东提出的上述请示事项，后来多数被采纳了。

“保姆式”服务

长期以来，国内的市场主体都适应了使用外汇进行跨境结算，在跨境贸易人民币结算业务推出之后，如何培育企业主体逐步接受和适应人民币跨境结算是一个较为漫长的过程。

开始一段时间，我们把重点放在培训宣传上。央行联合外经贸、金融、海关和税务等部门，先后多次联合或单独组织召开银行、企业座谈会、政策宣讲会和业务推介会，广泛培训银行、企业业务人员，积极引导企业和银行充分了解推行跨境贸易人民币结算的目的和意义，熟悉相关政策和业务操作。据统计，跨境贸易人民币结算试点工作启动至2010年底，大区行先后召开了30多次内部会议，专题研究试点工作的情况、问题和解决措施；组织召开银行、企业座谈会和政策宣讲会20多次，培训银行、企业业务人员超过2200人次。如在第107届、第108届、第109届和第110届中国进出口商品交易会（以下简称“广交会”）连续举办跨境人民币业务政策宣讲会和相关论坛，通过政府网站公布试点企业名单、政策措施和业务流程，借助相关媒体扩大宣传效应。多方面的宣传和广泛的动员在社会各界引起了热烈的反响，营造了良好的业务发展环境。

但是我们也发现，面上宣传培训离落地一笔业务还有很大差距，所以一方面要抓住商业银行作为跨境人民币结算业务的主要载体，充分发挥其熟悉客户和市场的优势，努力完善相关配套金融服务，提高服务质效；另一方面，针对部分重点企业主动上门讲解政策，了解其存在的问题，组织协调好各方，现场提出方案，帮助其解决问题。通过优化服务，积极为企业排忧解难，打消了企业的顾虑，提高了企业开展试点业务的意愿。

我们走访了广东丝绸集团、美的集团、TCL集团等广东省内大型的进出口企业，向他们推介跨境人民币结算业务。他们对使用人民币进行跨境结算表示欢迎，同时也担心如果结算流程不够通畅，会导致企业无法按期支付货款，造成违约。企业这个担忧是合理的，于是我们改变做法，与试点银行一起，对企业进行政策辅导，在介绍政策的同时，引导试点银行拿出结算方案，打消企业顾虑。我们和银行为一家一家企业拿出付款收款结算方案，促成业务落地，被大家戏称为贴身的“保姆式”服务。

我们“保姆式”的服务终于赢得了企业的信任。后来，这些大型企业都陆续开展跨境人民币结算业务，并从中体会到人民币结算带来的实实在在的好处，并在后来推进业务过程中主动为我们做宣传，起到了很好的示范作用。比如，广东一家纺织企业财务总监在2011年初接受媒体采访时表示，“我们十分看好跨境人民币结算业务发展，因为进出口业务使用人民币结算可以不受汇率波动的影响，在业务流程上也更方便，结算资金不进入待核查账户，不用核销，能够比较快地收到资金，与外币结算相比，资金占用成本和操作成本等都要更合算。2010年我们大概做了1亿元人民币跨境人民币结算业务，今后还会大力推进”。

地方政府的支持

从政策制定后到执行落地的过程中有个关键环节，就是地方政府支持力度。由于跨境人民币结算政策专业性很强，产生的效益不如补贴或减税降费直接，所以我们主动与地方政府沟通协调，将试点业务与政府稳外贸、促发展的工作目标有机结合，得到地方政府高度重视和大力支持。在2010年2月召开的广东省推进跨境贸易人民币结算试点工作大会上，上级相关部门提出：各地（市）政府要成立专门领导机构，指定一名副市长挂帅，专门负责组织协调试点工作，确保试点工作顺利推进。

在地方政府支持下，我们与当地的海关和税务等部门召开多层次的政策协调座谈会，广泛听取意见，认真分析问题，找准问题症结，并认真研究化解问题的思路与对策，合力推动试点工作。

2011年1月13日，2010年度广东省跨境贸易人民币结算工作座谈会在广东大厦召开，主要交流经验并表彰业务先进单位。上级领导到会讲话，充分肯定了广东跨境贸易人民币结算试点开展一年多来所做的工作及取得的成效，着重强调了货币国际化对市场主体和国民经济的作用与影响，并提出了下一步工作重点。为鼓励先进、推动业务进一步发展，会上还给10家进口企业和10家出口企业颁奖。这次会议，不仅显示了地方政府领导的战略眼光和专业水平，也体现了地方政府对跨境人民币业务的高度重视。

省里相关领导曾批示“感谢中国人民银行广州分行做了大量切实有效的工作，助推广东经济发展”，对我们推动广东跨境人民币结算的工作给予肯定和鼓励。在后续推进跨境人民币结算业务过程中，地方政府领导一直密切关注并亲自推动业务发展。2013年10月，时任分管领导带队赴第114届广交会调研跨境人民币结算工作，与广交会负责人及部分参展企业座谈，鼓励进出口企业开展跨境人民币结算业务，并要求相关政府部门、商业银行为企业办理跨境人民币结算业务提供便利；2014年5月，又带队赴香港，与香港金融管理部门和有关金融机构、企业座谈交流，了解香港离岸人民币业务发展、人民币资金在香港投资运用及回流广东的现状和问题，共同探讨加快香港离案人民币中心建设、推动在岸与离岸人民币市场协同发展的思路和策略。

在地方政府强有力的支持下，大区行与政府相关部门紧密合作，为市场主体开展跨境人民币结算业务创造良好的政策环境，充分调动市场主体参与跨境人民币结算业务的积极性，推动广东跨境人民币结算业务不断取得新突破。自2009年7月启动试点业务以来，广东的跨境人民币结算业务一直在全国居于领先地位。

与港澳金融管理局沟通协调

广东毗邻港澳，与港澳地区经贸往来紧密。多年来，三地的金融监管部门依托多种渠道保持了密切沟通，这为三地金融合作，尤其是人民币国际化率先在粤港澳地区试点奠定了重要基础。

试点工作如果没有港澳方面的配合，单独从内地一端推动，效果会大打折扣。因此，加强与港澳金融监管部门的联动，是我们推动跨境贸易人民币结算试点的重要工作。我印象最深刻的一次是在2009年3月16日，我到北京汇报广东推进试点工作进展情况。汇报内容包含了一项请求，希望授权大区行直接与港澳的金融管理局联系，完成试点的相关准备工作。得到肯定的答复，不仅是央行为广东试点工作的落地给予了巨大的支持，也为广东在业务试点初期协同港澳解决系列具体问题提供了机制保障。

在2010年的工作中，我们更加注重发挥粤港澳金融密切合作的传统，将港澳地区确定为重点拓展区域。除了在粤港政府组织的粤港合作、粤港金融专责小组等会议推动试点工作外，还专程与港澳金融监管部门、金融机构进行磋商，一年多来累计近20次，分别与香港财经事务及库务局、香港金融管理局、澳门金融管理局、中银香港进行会谈，商讨解决了资本项下跨境人民币结算的港方企业开户和货币兑换问题，争取了港珠澳大桥香港特区政府投资部分以人民币出资，推动了海外首笔人民币企业债的成功发行，为中银香港疏通了人民币资金通过资本项目回流内地的渠道，协助中银澳门解决关于澳门地区金融机构开立人民币账户问题以及关于澳门人民币业务清算问题。

2009年10月15日，大区行与香港金融管理局经深入磋商，达成三项共识：

一是扩大企业参与范围，内地所有企业进口项下支付人民币不受试点企业名单限制；二是依托香港人民币业务清算行，加强境外人民币清算体系建设，逐步将境外个人人民币业务和贸易结算业务纳入统一的清算渠道；三是加大金融创新力度，扩大香港企业和居民人民币资金的来源和运用渠道，包括支持香港人民币贸易融资和人民币项目贷款业务，允许香港人民币持有者购买境内银行人民币理财产品等9项措施。

根据粤港双方会晤达成的共识，2010年2月，香港金融管理局发布了《香港人民币业务的监管原则及操作安排的诠释》（以下简称《诠释》），明确了人民币资金跨境流动的监管原则：人民币资金进出内地的跨境流动须符合内地有关法规和要求，香港参加行按香港银行业务的常用规则来进行人民币业务，内地企业办理相关业务是否符合内地有关法规和要求，由内地监管当局和银行负责审核；人民币流进香港以后，只要不涉及资金回流内地，香港人民币参加行可以按照本地的法规、监管要求及市场因素发展人民币业务。同时，《诠释》对香港参加行办理人民币存款、贷款、兑换、汇款、人民币债券、支票及信用卡服务的实际操作做出安排。《诠释》的出台，极大地促进了内地与香港跨境人民币业务的发展。

多个全国第一

广东实体经济发达，与港澳贸易和投资往来密切，市场多样化的跨境贸易和投融资需求，孕育了早期的跨境人民币业务创新试点，推动广东在跨境人民币结算业务试点早期实现了全国首笔服务贸易跨境人民币支出、首笔人民币利润汇出、首笔对美国、巴西跨境人民币业务、首笔境外直接投资人民币结算业务、首笔跨境人民币支付股权转让款、首笔境内企业借用人民币外债、首笔跨境人民币贷款、首笔碳排放权交易人民币跨境结算等多个全国第一。

首笔外商投资人民币结算

2010年5月17日下午，东莞一家外商投资担保公司外方投资者从中银香港汇入7000万元人民币，用于外方认缴注册资本的出资，标志着全国首笔境外人民币境内直接投资业务在东莞成功开展。

这家外商投资担保公司成立于2010年2月，由东莞一家信托公司与香港一家投资公司合资设立，成立宗旨为拓宽中小企业的融资渠道。由于信用担保公司资本金的使用主要是存放银行以获得信用额度开展业务，无法像生产经营性企业通过结汇使用资本金。当时人民币升值预期强烈，外方投资者如以外币出资，外币资本金长期存放银行不仅会带来巨大的汇兑损失，而且银行难以核定担保公司的信用额度，给外商信用担保公司的经营带来不便。因此，该外商投资担保公司提出外方投资者以人民币出资的需求。我们对外方投资者从境外汇入人民币出资的可行性进行了认真论证、模拟操作，在确定风险可控的前提下，核准该公司在中国银行东莞分行、光大银行东莞分行分别开立了人民币资本金账户。同时协调开户银行与该公司签订账户管理协议，确定了所开立的人民币资本金账户必须遵循资本金账户与人民币账户双重管理规定的监管思路，要求外汇指定银行定期报送账户的使用和管理情况，保证人民币资本金的使用处于监管之中。该公司非常满意，给我们送了“便民解困　服务优秀”的牌匾。

在跨境贸易人民币结算试点的大背景下，该笔业务对资本项下外方投资者从境外汇入人民币出资进行了有益尝试，增加了境外人民币的投资渠道和使用范围，对于推进人民币跨境交易进程，实现人民币国际化有一定的积极意义。

首笔境外投资人民币结算

广东省内一家知名基金公司成立于2001年4月17日，注册资本为人民币1.2亿元，主要从事基金募集、基金销售、资产管理以及经中国证监会批准的其他业务。2008年8月，该基金公司经中国证监会批准在香港投资设立资产管理公司，投资总额为1.2亿港币，成立以来经营良好。

为进一步拓展资产管理业务，该基金公司于2010年8月19日向中国证监会提出向香港的资产管理公司增资3.8亿港币等值人民币的申请，9月9日获得批复同意。9月14日，该基金公司提出申请，拟使用人民币资金对香港的资产管理公司进行增资，以充分利用公司人民币资金，减少购汇手续费用支出。为满足企业需求，我们于10月27日批复同意该基金公司汇出3.8亿港币等值人民币资金作为对香港的资产管理公司增加的注册资本。同日，还批复同意另外一家基金管理有限公司汇出1.2亿港币等值人民币，作为其境外子公司注册资本的申请。

境外直接投资使用人民币结算业务的成功办理，进一步拓宽了资本项目交易人民币跨境结算业务的范围，有利于进一步开展资本项目交易人民币跨境结算业务，为人民币通过资本市场交易“走出去”提供了经验借鉴。

人民币走进巴西

我的办公室里有一幅世界地图，业务做到哪个国家就会在哪个国家的位置上插上一面小红旗。在所有国别第一笔业务的案例中，巴西的业务至今令我记忆犹新。在当时的环境下，巴西的业务能够落地，实属不易。巴西有严格的外汇管制，本地不能自由开立外汇账户和划转外汇资金。在跨境贸易人民币结算试点早期，除港澳地区等邻近区域以外，全球的人民币清算网络体系极不完善，难以支撑与巴西的人民币结算业务。

经过先后与上海、广州、深圳、东莞和佛山等多个地区的沟通了解，最后这一重任落在了珠海肩上。珠海一家知名的家电制造企业在巴西设有分公司，境内外企业之间有较为频繁的贸易往来。经初步沟通，企业同意尝试一笔与其巴西子公司的出口收款人民币结算。为此，我们与结算服务银行中国银行珠海分行（以下简称“珠海中行”）、企业第一时间研究了首笔业务的人民币资金结算流程。

有了企业的支持和配合，首先要解决的就是资金清算路径的问题。试点初期，我们允许资金以清算行或者代理行的模式清算。如果走清算行的路径，因巴西本地暂时没有清算行，则只能通过在中银香港或者中银澳门开立清算账户来实现。因涉及境外第三方，协调成本显然太高。因此，当初我们选择代理行模式，通过中国银行（巴西）有限公司（以下简称“巴西中行”）在中国银行上海市分行（以下简称“上海中行”）开立人民币同业往来账户的方式搭建清算渠道。

明确了资金结算方案后，中国银行境内外各方加快行动，第一时间为巴西中行在上海中行开立了人民币同业往来账户。10月19日，汇款人某家电企业巴西子公司将自有资金转换成美元，并通过巴西中行兑换成人民币，并由巴西中行通过开立在上海中行的清算账户汇款至上述家电企业开立在珠海中行的人民币账户，当日首笔对巴西的出口收款资金386.11万元人民币成功入账。对巴西的首笔业务是在克服了当地外汇管制和清算渠道不畅等多重困难的背景下完成的，为后续人民币走向其他地区提供了宝贵经验。

“多做少说”

跨境贸易人民币结算试点即将启动，各方对于跨境贸易人民币结算试点的定位有了清晰的界定，帮助更多的企业应对金融危机的影响成为共识。“多做少说”、少争论的工作思路为早期试点业务的快速发展营造了适宜的外部环境。

正如时任广东省省长在跨境贸易人民币结算试点启动仪式上所言，在粤港澳三地开展人民币贸易结算试点，不仅有利于深化三地结算合作，进一步巩固粤港澳区域对外经济联系的桥梁与纽带作用，而且有利于促进贸易便利化、加快广东开放型经济的发展，为三地经济共赢发展提供支持和动力。跨境贸易人民币结算试点在广东率先启动，有历史的必然；但同时，也推动了广东在新一轮扩大对外开放的浪潮中抢占先机。

第二章

优势显现

市场内生动力开始形成

经过艰难的起步阶段，跨境人民币结算业务逐渐被市场所了解和接受。广东充分利用自身优势，大力推进业务发展。三任大区行行长站在国家战略的高度，将推进跨境人民币结算作为头号工程。经过近三年时间对市场发展环境的精心培育，为未来广东跨境人民币结算业务步入稳步上升通道打下坚实基础。2012—2016年，广东跨境人民币结算量节节攀升，遥遥领先全国其他试点地区，业务量最高时占全国三分之一以上。

率先实现经常项目业务全覆盖

在跨境贸易人民币结算试点启动初期，广东的试点地区限于广州、深圳、珠海、东莞四个城市，出口跨境人民币结算仅限于名单内的出口试点企业。随着试点业务的推进，跨境人民币结算的便利性得到市场的检验和认可，四个试点城市中很多非试点企业以及佛山、中山等外贸发达地区的企业跃跃欲试，纷纷提出参与试点企业的需求。与此同时，部分已经参与货物贸易试点的企业享受到了跨境人民币结算的好处，进一步提出在服务贸易甚至利润汇出等其他经常项下业务使用人民币结算的需求。

面对市场强烈需求，时任大区行行长提出要求：为支持广东外贸稳定增长，在推动跨境人民币结算业务方面，可以先行一步进行探索，为全国业务发展积累经验。在总结前期试点经验和开展深入调研的基础上，逐步扩大出口试点企业范围，同时逐步将试点地域范围向广东省内其他地区拓展，让更多的企业可以享受跨境人民币政策红利。截至2011年底，广东在全国率先开展服务贸易和企业利润汇出等其他经常项下业务，地域范围基本覆盖了珠三角地区的主要城市，参与试点的企业达8300多家。

2011年6月，央行发布了《关于明确跨境人民币业务相关问题的通知》，正式将跨境人民币业务范围扩大到所有经常项下业务。同年7月，央行等六部委发布《关于扩大跨境贸易人民币结算地区的通知》，将试点地区扩大到全国所有地区。2012年2月，央行等六部委发布《关于出口货物贸易人民币结算企业管理有关问题的通知》，取消出口试点企业名单，建立货物贸易出口重点监管企业名单制度，将出口货物贸易人民币结算业务扩大到所有出口企业。而在全国跨境人民币业务范围逐步扩大之前，广东已经先行一步，顺应市场需求，率先实现经常项目业务在全省范围所有企业的全覆盖。

特里芬难题

在2012年央行跨境人民币业务知识竞赛上，央行女领导提出了一个压轴的论述题：我们推动人民币跨境使用会不会遇到特里芬难题，如果遇到应该怎么应对？

特里芬难题是1960年美国经济学家罗伯特·特里芬在《黄金与美元危机——自由兑换的未来》中提出的，是指由于美元与黄金挂钩，其他货币与美元挂钩，于是各国为发展国际贸易，必须将美元作为结算与储备货币，这样就会导致流出美国的美元在海外不断沉淀，美国的国际收支将发生长期逆差，但美元作为核心国际货币的前提是保持美元币值稳定，这又要求美国必须是一个国际收支长期顺差国。这两个要求互相矛盾，是一个悖论，被称为“特里芬难题”。本质上来看，美元输出导致美国对外负债增加，当负债增加速度超过其黄金储备的增长时，非居民（系金融术语，指境外的实体和个人）就会失去对美元汇率的信心，从而迫使当局出售黄金，储备的下降和国际收支逆差将使得美元汇率无法保持稳定。特里芬难题指出了布雷顿森林体系的内在矛盾与不可持续性。现实中我们也看到，1971年美国政府宣布美元与黄金固定价格脱钩，布雷顿森林体系瓦解。当时，对人民币国际化的“贸易逆差悖论”一直存在，认为中国有大量的贸易顺差，人民币无法通过贸易逆差大量输出国外，很难实现国际化；如果人民币要国际化，必然要求中国从贸易顺差变为贸易逆差，而贸易逆差又会使人民币面临贬值压力，一个持续贬值的货币非居民不愿意持有，所以无法成为真正的国际货币。

从实际情况看，一个国家货币的国际化并不一定伴随着巨大的贸易逆差，事实上，货币国际化可以发生在比这些假设条件更加广泛的体制、政策安排和经济环境下。只要资本项目逐步开放，输出人民币的渠道可以包括对外直接投资、对非居民提供人民币贷款、非居民在境内发债、居民（系金融术语，指境内的实体和个人）购买境外人民币证券、国家之间资产互换等许多形式，离岸市场还可以通过乘数效应派生人民币。人民币国际化完全可以避免“贸易逆差悖论”所隐含的陷阱。

通过对人民币国际化“贸易逆差悖论”的思考，我们意识到，人民币国际化不能依赖贸易结算，不能过分强调人民币国际化仅仅为“贸易服务”，因为那样就会陷入“贸易逆差悖论”所隐含的陷阱，那样的人民币国际化没有长远前途。虽然当时人民币跨境使用还处于初级阶段，但我们已经思考推动资本项目下人民币国际化的途径。

2011—2012年，境外投资、境外项目人民币贷款、外商直接投资人民币结算等业务相继推出，标志着人民币国际化已经从贸易驱动变为贸易和投资双轮驱动。

中新广州知识城成为示范区

1992年初邓小平同志视察南方时，提出借鉴新加坡经验。随后1992年9月，时任新加坡内阁资政李光耀率团访问中国，积极呼应邓小平同志讲话，表达了中新合作共建工业园区，并以工业园区为载体借鉴新加坡经验的意向。此后，中新双方围绕合作开发事宜进行了多次协商和实地考察，选定了苏州工业园、中新天津生态城、中新广州知识城等开发项目。

中新广州知识城位于广州东北部，总区域面积123平方千米，是继苏州工业园区和中新天津生态城后，中国与新加坡合作的第三个大型项目，是新加坡和广东省人民政府共同倡导创立的广东省经济转型的样板及广东省战略发展新平台。中新广州知识城投资开发有限公司是由广州开发区管理委员会与凯德集团共同投资成立的合资公司，作为中新合作重要载体平台，参与知识城城南起步区和后续阶段开发建设。该项目在2012年启动招商引资、项目引进工作，此时正值跨境人民币业务从经常项目向资本项目拓展的关键期。

2012年，我负责对接广州市的金融管理相关工作。中新广州知识城项目规划发布后，引起了我的关注。当时，我意识到依托广东省内重点项目推进跨境人民币结算业务，可以获得双赢。为此，我多次参与广州市人民政府关于中新知识城项目协调会，向与会领导和代表们介绍国家推动跨境人民币结算业务的意义和业务进展，提出将中新广州知识城建设成为跨境人民币业务示范区的建议，广州市人民政府相关领导对此很感兴趣并表示支持。2012年3月，大区行营业管理部与中新广州知识城管理委员会签署了《中新广州知识城金融创新合作备忘录》，提出共同推进中新广州知识城跨境人民币结算业务，在促进贸易投资便利化的同时，打造跨境人民币结算业务示范区。

当我们以为万事俱备的时候，没想到在项目真正落地时遇到了困难。因为当时人民币用于直接投资正处于起步阶段，国际投资者对使用人民币投资心存疑虑，因此中新广州知识城项目的外方投资者都习惯性选择以外币出资。为此，我们专门向该项目的投资方、负责人、合作方讲解跨境人民币业务的政策。通过政策辅导，使企业意识到在人民币升值背景下，外汇出资按照当时外汇管理的资本项目收入支付结汇制，企业从收到外汇投资款到结汇对外支付期间，人民币升值将会导致企业面临汇率损失。中新广州知识城项目相关公司在了解跨境人民币结算政策的好处之后，主动要求变更出资方式。当时，我们主动协商中新广州知识城管理委员会为这些外商投资项目变更出资币种提供便利。经过点对点的细致宣传和引导，中新广州知识城项目近100亿元的投资额基本上是以人民币出资。跨境人民币结算业务在中新广州知识城发展建设过程中发挥了积极作用。

中新广州知识城的成功示范，使外国投资者从怀疑到主动选择使用人民币出资，而跨境人民币结算业务可规避汇率风险、结算高效便利，也让外国投资者及其在中国的外商投资企业享受到实实在在的好处。从2012年至2018年，外商直接投资作用人民币结算的占比从11%上升至63%。

香港商户青睐人民币

20世纪90年代以来，随着改革开放的深入推进和经济的快速发展，内地与港澳经贸金融联系程度不断加深，人民币在港澳流通和使用形成了一定规模，有了一定的资金沉淀。2003年，国家开放港澳自由行，随着大量内地个人到港澳旅游购物，银联卡在港澳使用越来越普遍。在跨境人民币结算试点启动之前，银联卡在海外刷卡消费，银联商务股份有限公司均以外币进行跨境结算。2013年6月，央行发布《关于简化跨境人民币业务流程和完善有关政策的通知》，明确在境外使用境内银行发行银行卡的人民币账户消费或提取现钞后，境内银行卡清算机构以人民币或外币与境外收单机构清算。这项政策出台后，为深化粤港支付清算合作提供了新机遇。

我们了解到，我国银联卡的跨境清算主要使用外汇进行，例如境内居民在境外刷银联信用卡消费之后，在国内以人民币归还消费账单，银联作为银行卡清算机构会将收到的人民币资金集中购汇，与境外商家的收单机构进行清算。2013年2月，省级银联一位女老总来我办公室拜访，我向她提出了推动银联与境外收单机构清算使用人民币的建议。当时，那位女老总提出，省级银联按照外汇管理相关规定以外币进行跨境清算已经非常成熟，改用人民币进行跨境清算，省级银联和境外收单机构、境外商户都需要了解相关政策，评估业务操作的可行性，同时也需要境外金融监管部门的支持。

2013年下半年，我先后两次参加了粤港支付清算合作联席会议。这两次会议促成了中国银联商户收单人民币结算业务在香港试点。第一次会议在8月29日召开，会上粤港双方就香港开展中国银联商户收单人民币结算试点达成了共识，中国银联香港分公司的代表介绍了试点业务的实施方案。第二次联席会议在10月24日召开，主要讨论了试点业务实施的具体事项，包括业务测试、业务规则和技术标准公布的安排等。2013年12月4日，中国银联商户收单人民币结算业务发布仪式在香港举行。业务启动之后，海港城、周大福等一批知名商户积极参与试点。自此，人民币通过个人跨境消费渠道源源不断流向香港。截至2018年底，通过银联渠道向香港累计汇出人民币金额达400多亿元。

支持港珠澳大桥项目

人民币在粤港澳的使用，除了给三地商贸往来带来便利之外，在重点基础设施建设方面也发挥了重要支持作用。港珠澳大桥项目跨境人民币结算，我现在还记忆犹新。

港珠澳大桥是国家“十二五”规划的重点工程项目，是粤港澳三地重要交通枢纽。港珠澳大桥项目总投资额超过1200亿元人民币，2009年底开始动工。港珠澳大桥的管理机构为港珠澳大桥管理局，由广东省人民政府、香港特区政府和澳门特区政府共同组建成立，承担大桥主体部分建设、运营、维护和管理的组织实施等工作。因为港珠澳大桥管理局属预算单位，如果港澳特区政府以外币出资，在人民币升值的情况下，不仅项目投资可能会面临汇兑损失，而且项目投资变动会涉及预算调整，流程相当复杂，这样一来会影响工程进度。

为了规避汇率风险，我们通过香港金融管理局和澳门金融管理局，建议香港、澳门特区政府以人民币投资。我们的建议得到澳门方面的积极回应，但香港方面仍比较犹豫。一次偶然的机会，我到香港参加一个研讨会，遇到时任香港财经事务及库务局副局长，在与她交流过程中谈及香港特区政府如果用港元投资港珠澳大桥，港珠澳大桥管理局需要结汇成人民币才能投入运营，在人民币升值背景下，投到大桥项目的资金在实际使用之前，可能会面临汇率损失，而用人民币投资则可以避免汇率风险。同时，如果香港特区政府将港元投资款在香港市场兑换人民币之后向内地项目出资，既显示政府使用人民币的带头作用，还有利于促进香港离岸人民币业务发展。她听完我的建议后，当场表示回去马上向局长汇报，协调和推动人民币投资方案。在这次会面后不久，我们接到香港方面的消息，香港特区政府决定用人民币投资港珠澳大桥。得知这个消息后，我们非常振奋，立即通知港珠澳大桥的资本金开户银行要做好港澳人民币投资款汇入的相关服务。港澳先后投入资本金人民币80多亿元。多年以后，我们跟香港、澳门金融界的朋友谈及港珠澳大桥以人民币出资一事时，大家不无感慨，都认为当年大桥项目用人民币投资有效规避了汇率风险，是明智的选择。

2013年正值港珠澳大桥建设的关键时期，建设方对资金的需求十分迫切，而港珠澳大桥所借的内地银团贷款，由于境内货币市场流动性紧张，出现了提款困难。大桥项目银团贷款的牵头行——中国银行广东省分行找到我们，提出采用“跨境人民币贷款+海内外机构内部银团”创新融资模式，切分部分银团贷款额度给中国银行海外分支机构，引入境外资金缓解境内银团贷款提款困难。当时全口径跨境融资宏观审慎管理政策尚未出台，港珠澳大桥管理局作为三地政府部门共同组建的事业单位，能否办理跨境融资未有明确规定。我们马上开会讨论，大家认为港珠澳大桥管理局虽为事业单位，但实际是粤港澳三地投资组建，可参照外商投资企业外债政策从境外银行融资。在大区行支持下，中国银行广东省分行联合澳门以及迪拜、巴黎、东京、新加坡等境外分支机构，成功为港珠澳大桥项目引入境外人民币资金30亿元，确保了大桥建设资金的及时投入。跨境人民币政策的灵活运用，为大桥建设如期推进提供了保障。

打好港澳牌

自香港、澳门回归以来，中央政府先后推出了一系列惠港惠澳政策，支持香港、澳门长期繁荣稳定发展，充分显示了中央政府对香港和澳门的关心、支持、重视和厚爱。2003年，内地与香港、澳门特区政府分别签署了《内地与香港关于建立更紧密经贸关系的安排》《内地与澳门关于建立更紧密经贸关系的安排》，2004年、2005年、2006年又分别签署了《内地与香港关于建立更紧密经贸关系的安排》补充协议、补充协议二、补充协议三和《内地与澳门关于建立更紧密经贸关系的安排》补充协议、补充协议一、补充协议二。2009年，国家启动跨境贸易人民币结算试点，珠三角地区的广州、深圳、珠海、东莞四个城市与香港、澳门作为首批试点地区开展试点业务。2011年，“十二五”规划纲要明确提出“支持香港发展成为离岸人民币业务中心和国际资产管理中心”；2012年，在香港回归15周年之际，中央发布“惠港36条”，提出“进一步加强香港人民币结算中心的地位”；2016年，“十三五”规划纲要明确提出，强化香港全球离岸人民币业务枢纽地位和国际资产管理中心功能，支持澳门建设中国与葡语国家商贸合作服务平台，促进经济适度多元可持续发展。

粤港澳地域相邻，文化相近，人员往来密切。香港是国际金融中心，在全球金融体系中占有重要地位，也是联系内地与全球经济、金融的重要桥梁。在人民币国际化过程中，香港作为人民币“走出去”的桥头堡，在人民币国际化过程中发挥着重要的推动作用。澳门是内地与葡语系国家经贸往来的纽带，有助于推动人民币在葡语系国家扩大使用。广东省人民政府于2010年4月7日与香港特区政府签署《粤港合作框架协议》，于2011年3月6日与澳门特区政府签署《粤澳合作框架协议》。上述两个协议均提出深化粤港、粤澳金融合作，支持香港、澳门地区与内地开展跨境人民结算，发展离岸人民币业务。

为了加强与香港、澳门主动合作，大区行与香港金融管理局建立互访机制，与澳门金融管理局建立了“粤澳金融合作例会”机制，沟通协调推进跨境人民币业务成为粤港、粤澳金融工作会议的主要议题。我从2009年开始分管跨境人民币结算业务，通过参加粤港、粤澳金融工作会议，见证了三地金融监管部门推动跨境人民币业务发展的整个过程。

在跨境贸易人民币结算试点启动三周年之际，如何拓宽跨境资金循环的渠道成为粤港澳金融监管部门最关心的问题。随着跨境贸易人民币业务的发展，香港离岸市场的人民币资金池日益扩大，香港、澳门银行业和市场人士都强烈反映，通过贸易结算而积聚的离岸人民币资金除存款以外出路不多，当时在港澳地区发展人民币贷款和其他金融产品的空间也有限，于是提出了放宽港澳地区人民币资金回流内地的建议。三地监管部门就回流渠道进行了多次深入探讨，在各方努力下，广东率先开展外商直接投资人民币结算试点、跨境人民币融资试点、跨境人民币贷款试点等资本项目人民币回流的业务，加上后来开放的人民币合格境外机构投资者（RQFII）和境外发债回流等业务，内地与香港、澳门的人民币资金跨境流动渠道不断拓宽，为后来香港、澳门人民币离岸市场发展打下基础。

在各方合力推动下，粤港澳跨境人民币结算进展迅速，年结算量从2010年的1100多亿元，增长到2013年的约1.3万亿元，年均增长率为121%。从2012年起，人民币已取代港元，成为仅次于美元的第二大结算货币。广东与香港、澳门的跨境人民币结算量占了全省跨境人民币结算量的八成。

跨境人民币业务的开展，为香港、澳门金融业发展带来巨大商机。2004年2月，32家香港的银行开始接受人民币存款，当时香港全部人民币存款只有8.9亿元。截至2013年底，人民币存款余额达8605亿元，占香港银行外币存款的23%。香港已发展成为全球最大的离岸人民币业务中心，各种金融产品日益丰富。澳门银行于2004年11月正式办理人民币存款，当年澳门的人民币存款总额8200多万元，到2013年底，澳门人民币存款余额858.33亿元，占外币存款比例的18.5%。总而言之，跨境人民币结算等惠港惠澳政策的实施，加快了内地与香港、澳门的社会、经济融合，实现了合作共赢发展。

政策宣传显成效

2012年，央行等六部委联合发布《关于出口货物贸易人民币结算企业管理有关问题的通知》，把试点企业名单制改为出口贸易人民币结算重点监管企业名单制度，将开展出口贸易人民币结算业务的企业范围从试点企业扩展到所有外贸企业，业务潜力得到进一步释放。跨境人民币业务操作流程的不断简化彰显了本币优先的政策导向。2013年、2014年，央行先后出台《关于简化跨境人民币业务流程和完善有关政策的通知》《关于贯彻落实〈国务院办公厅关于支持外贸稳定增长的若干意见〉的指导意见》《关于优化人民币跨境收付信息管理系统信息报送流程的通知》等政策，不断完善跨境人民币政策框架，进一步简化了跨境人民币业务流程和信息报送要求等，受到银行、企业的认可与好评。

为了让广大银行企业及时了解最新的跨境人民币业务政策，我们不断加大宣传工作力度，成功利用中国进出口商品交易会（简称“广交会”）、中国（广州）国际金融交易·博览会、银行业务推介会等平台开展一系列大型宣传活动。

还记得在2012年6月28日举办的那场宣讲会，内地和港澳的官员、专家、学者200多人共聚一堂，畅谈人民币跨境使用的前景，让人心潮澎湃。

央行货币政策委员会秘书长分享了跨境人民币结算业务的最新情况，并指出人民币不仅限于贸易使用，已扩展到投融资领域。人民币作为国际结算货币、国际投融资货币及国际储备货币的地位已经开始显现，下一步应充分发挥粤港澳合作的先导作用，进一步扩大人民币在跨境贸易和投资中的使用。她强调，跨境人民币结算业务为中资银行发展带来重大机遇，中国银行业去国际上做外汇业务相当于客场，做人民币业务相当于发挥主场优势。金融机构的国际化一定不是中资银行在纽约分行做当地的外汇业务，而是依靠人民币的跨境使用，在纽约进行大规模的人民币贷款业务，而且客户群中有大量的当地客户，那才是真正的国际化。

香港金融管理局副总裁指出，香港作为离岸人民币业务中心的发展，已不再局限于服务香港本身，而是支持世界各地开拓离岸人民币业务，不断满足市场需求。

澳门金融管理局行政委员会主席指出，伴随着澳门与内地融合不断加强，人民币在澳门已经广泛流通使用，人民币业务也成为促进澳门金融机构业务多元化乃至推动行业健康向前的重要构成部分。

暨南大学经济学院院长表示，中国目前在国际秩序的话语权、金融市场的定价权及其他规则的制定权上存在缺失，国家应积极谋求国际话语权，这对于推进人民币国际化至关重要，能更顺利推进人民币国际化及跨境人民币结算业务发展。

广东华兴银行副行长表示，目前跨境人民币面临难得发展机遇。不断加剧的国际经济危机动摇了美、欧、日的国际地位，而我国经济却发展迅速，因此，人民币国际地位得到增强，有利于我国在全球金融市场中争得定价权。

这次会议，大家都为跨境人民币结算业务的快速进展感到无比振奋，社会各界对跨境人民币业务形成了一致共识，推动业务发展的力量不断汇聚。对未来的业务发展，我们充满了信心。

2013年、2014年，我们借助第113届、第114届、第115届、第116届广交会平台成功举办了四期跨境人民币业务政策宣讲会和人民币国际化论坛，活动邀请了央行、商务部、广东省对外贸易经济合作厅、香港金融管理局等部门领导和专家学者及金融机构代表，他们的发言得到与会者的广泛好评，《广州日报》《南方日报》《大公报》《文汇报》等媒体广泛关注、报道和转载。

推动人民币计价

价值尺度是货币的主要职能之一，一个国际化的货币应该是在跨境交易中充当主要的计价货币。在启动跨境贸易人民币结算一年多以后，我们发现人民币计价的发展明显滞后于结算业务发展，限制了人民币结算全面深入发展。2010年10月开展了一次市场调查，由于无法直接观察企业合同计价货币，我们以其报关币种作为替代。调查数据显示，广东省169家企业人民币收款金额24亿元，仅23家以人民币报关出口，金额2亿元，占比分别为13.6%和8.4%；303家企业人民币付款104亿元，仅150家以人民币报关进口，金额34亿元，占比分别为49.5%和32.7%，用人民币报关（计价）远远低于人民币结算的金额。

计价货币的选择受双方交易习惯、价格等经贸条件以及深层金融因素的影响。在较短的时期内，人民币无法突破美元主导的计价体系。人民币计价的滞后，使得国内企业难以通过本币结算获取益处，长远看不利于人民币在更深层面上被广泛接受为结算货币。为此，我们提出加强人民币计价体系建设、推动业务全面深入发展的建议。

首先是在进出口报价系统推行人民币报价，在涉外经贸等方面的数据公布尝试以人民币作为参考指标，建立人民币计价的统计体系。其次要大力发展以人民币计价的产品和市场。例如，加快发展国内以人民币计价的离岸债券市场，拓宽境外发债主体的范围，支持香港交易所推出以人民币计价的股票。最后要鼓励企业以人民币计价签订合同并支付结算，联合外经贸等有关部门研究激励机制和措施，推动人民币计价业务的发展。

从贸易结算货币，到投融资货币，再到储备货币，人民币发挥越来越多的国际货币职能，在涉外经济管理中逐步体现人民币是主权货币。2013年1月，海关总署调整对外贸易统计数据（包括进出口总值、出口总值、进口总值以及贸易差额）的计价货币，上述四项统计指标的货币计价由原来发布单一美元，改为人民币、美元双币种同时发布。自2014年1月开始，海关总署以人民币为主公布海关主要统计数据系列报表。自2014年第一季度开始，商务部以人民币和美元同时公布对外直接投资、外商直接投资、工程承包统计数据。目前，国家外汇管理局官网上公布的中国国际收支平衡表、中国国际货物和服务贸易、银行结售汇、银行代客涉外收付和金融机构直接投资等数据都以本外币同时公布。当前，商务部门在办理外商直接投资和对外直接投资项目备案时，均会优先采用人民币计价。

主动防范风险

在跨境贸易人民币结算业务顺利推进时，出现了一些困难和痛点。

在试点初期，进口企业跨境人民币付款比出口企业跨境人民币收款业务发展更好，规模增长更快，出现了在贸易项下跨境人民币净流出并不断增长的现象。截至2011年3月，广东跨境人民币结算业务量3000多亿元，其中出口业务结算额占全部跨境人民币结算量的4.8%，仅相当于进口结算额的6.4%。在国内，有专家学者指出，人民币的净流出替代了外汇的购汇流出，增加了外汇储备被动增长的压力。在国外，摩根大通集团发表研究报告称，据估算，有8000亿至9000亿元人民币通过净进口流出中国内地，“在人民币一方面加快跨境贸易结算的国际化步伐、一方面不断升值的情况下，大部分人民币升值的益处都被输送到了外部市场，甚至是投机主体的手中”。当时市场上还有一种声音，“人民币贸易结算之所以快速发展，最主要的驱动因素是人民币升值预期，投资者可以借此套利。套利机会一旦消失，人民币便会遭受抛弃”。

为此，我们走访了一些大型外贸企业和银行，深入了解相关情况。广东一家大型纺织企业负责人表示，其集团的跨境人民币结算主要是进口业务，同时客户地域集中在香港和东盟地区。他表示，虽然集团的出口市场以香港地区和欧美国家为主，相对而言，用人民币结算不是那么容易谈判的，原因很多，包括客户没有人民币的来源、人民币升值的情况下客户不愿承担汇率风险、长期形成的结算习惯等，这些都还需要一段时间来消化和适应。中国银行业务负责人则表示，银行开展出口项下远期人民币信用证及托收业务较少。中国银行推出了跨境人民币出口结算的配套金融产品，较为成形的是“出口汇利通”，即境外采购商以外币汇款，银行系统在全球进行询价，询得合适人民币汇价后，将外币兑换为人民币汇入境内，但该产品要求银行全球联动，且时效性要求较高，与传统的汇入外币后结汇相比并无明显优势，产品推广受限。此外，境内银行不了解境外银行境内代理行信息，也是一个障碍。除港澳地区外，境内银行无法及时获知境外银行是否在港澳清算行开立同业往来账户以及境内代理行同业账户，信息不对称不仅影响出口企业收款速度，而且还会在中间行产生一些不必要的扣费。

具体问题需要一个个解决。在试点的推进过程中，人民币跨境贸易结算对方主要是新兴市场国家，尤其是东盟国家，而我国与东盟国家是贸易逆差，这注定了一开始就是以输出人民币为主；通过进口支付增加境外的人民币流动性，等到境外的人民币资金池子有了一定的规模，才可能为未来通过出口让人民币资金回流带来机会。在人民币升值预期下，人们确实可能愿意资产人民币化，而负债美元化，进口人民币结算会在一定程度上增加外汇储备增长的压力，但出口用人民币结算后不会像收外汇那样额外增加人民币对冲的压力，因此长期而言对国内流动性的影响是中性的。

对于“跛足”的跨境贸易人民币结算，央行货币政策委员会秘书长在接受媒体采访时表示，“人民币资金流出后，我们是希望‘让子弹飞’，让人民币多飞一会儿，不要飞到香港就回来。众所周知，所有国际化的货币最终都要飞回货币发行国，但人民币再飞回来之前如果能在香港之外的第三方多飞一会儿，对各方利益的汇聚是有好处的，这也是香港作为人民币离岸中心的内在作用”。香港金融管理局总裁在接受记者专访时亦表达了同样的观点：“其实人民币的流动，就像子弹在飞，始终要落地。问题是飞了多远，绕了多少圈，才回到内地。外循环不会是一个永恒的自我循环，通过中介融通活动，最终会回到内地的在岸市场。”

我理解“让子弹飞”还有另外一重含义，就是对于跨境人民币结算试点带来的问题不要太早下结论，过一段时间看看结果再说。后来，随着跨境人民币结算业务的发展，“跛足”现象逐步消失，2012年末，跨境贸易人民币结算收入2.09万亿元，支出2.08万亿元，收支趋于平衡。之前质疑的声音逐渐消失，我们终于松了一口气。但没想到的是，2013年的黄金加工贸易套利现象再一次把跨境人民币结算业务推上风口浪尖。

2013年4月，部分地区从事黄金加工贸易等进出口企业出现跨境资金结算量大幅增长，存在虚构贸易背景进行跨境交易，套取利差、汇差的情况。运作模式为内地企业与香港关联企业通过海关特殊监管区域货物反复快进快出，主要具有利用黄金、集成电路等体积小、价值高、便于快速频繁报关进出口的特点，结合银行跨境结算方面的产品，人为制造贸易背景，实现资金跨境滚动运作，赚取境内外的利差和汇差。当时，市场上关于跨境人民币结算业务助长套利行为的声音再起。

此事经媒体披露之后，引起了政府部门高度关注。为此，我们深入分析了黄金等加工贸易套利的模式和行为动机，建议政府针对实际情况采取综合措施进行治理。4月17日，广东分管外贸的副省长主持召开专题会议，对加强黄金和集成电路元件两类进出口的管理提出了要求。4月18日，大区行联合广东省对外贸易经济合作厅、中国海关总署广东分署对全省涉及两类进出口贸易企业重点监管名单进行了初选，有的放矢加强业务监管。

为主动防范相关风险，大区行出台了加强对广东省内结算银行涉及两类进出口贸易跨境资金结算业务管理的工作措施，包括：指导银行遵循“了解你的客户”“了解你的业务”“尽职审查”三大原则，切实履行交易真实性审核职责，防范虚构贸易投机套利行为；审慎办理黄金、集成电路等体积小、价值高的货物进出口贸易90天以上远期贸易融资以及跨境人民币保函业务；限制上述加工贸易企业异地办理跨境资金结算业务；等等。

相关综合治理措施出台后，黄金、集成电路加工贸易跨境投机套利行为得到遏制，社会上对跨境人民币结算的质疑和指责逐渐平息。

在我国改革开放的过程中，出现了不同市场和不同价格，如金融市场的利差、商品市场的价差、外汇市场的汇差等，一旦存在差价，就存在套利的现象。应该看到，在金融市场上，套利现象无处不在，这既是投机者的机会，也是市场自身走向合理化的动力，其实我们大可不必过于担心市场主体在守法前提下的套利行为，更不能由于在个别领域个别时间存在套利行为，就对改革的方向和政策予以否定，要充分认识问题的复杂性，努力防范套利行为导致的局部风险演变为系统性风险，同时也要防止为了应对局部风险导致改革停滞甚至走回头路。正如当年我在《跨境人民币结算的实践与思考》调研报告中阐述，利用境内外市场差异进行套利的渠道和行为的出现，导致国内利率和汇率以及货币政策和资本管制受到冲击的不确定性加大，应着力加强跨境人民币结算业务的战略规划，坚持业务发展和风险防范两手抓，促进跨境人民币结算业务健康发展。

第四章

创新驱动

人民币跨境使用不断扩大

人民币国际化是我国金融领域的重大制度性创新和变革。广东跨境人民币结算业务坚持创新发展理念，一方面以“一带一路”、广东自贸试验区、粤港澳大湾区建设为契机，支持区域金融改革创新，推动业务向纵深发展。另一方面，推进粤港澳金融市场互联互通，增强人民币投融资功能，稳步推进资本项目可兑换。

“小微团”服务小微企业

2013年伊始，广东跨境人民币业务发展开始进入快车道。这时，有商业银行反映，中小微企业由于业务分散、单笔金额小，在参与跨境人民币业务方面存在困难。为解决中小微企业参与跨境人民币业务难的问题，我们鼓励金融机构顺应市场需求，率先推出“小微团”服务模式，帮助中小微企业以“团购”形式享受跨境人民币结算服务，有效降低了跨境人民币业务的准入门槛，提高了广大中小微企业参与的积极性。

“小微团”服务模式主要为中小微企业提供贸易项下的跨境人民币结算服务。主要有两种模式：一是将不同企业的多笔业务集中批量处理。对于单笔金额较小的多笔出口收款业务，银行将在不影响企业资金到账的情况下集中批量处理，既减少了银行的结算手续，又减少了企业的汇兑损失。如中国银行中山分行利用“小微团”方式，将中山市某电器制造有限公司6.83万美元、中山市某家具配件有限公司15.54万美元和中山市某机械工业有限公司11万美元的出口收汇汇总，将这3笔业务汇合成1笔金额为33.37万美元的头寸开展出口人民币结算。二是将同一企业的多笔业务集中批量处理。对于单笔结算量较少但结算频率较高的企业，银行会将其多笔业务汇总处理。如中国银行江门分行于2013年6月18日收到某企业国外汇入汇款4笔，银行将这4笔汇款合成一笔金额为30万美元的头寸，从而使得该企业达到在境外进行结算的门槛。

该服务模式推出后受到市场广泛欢迎，在提高中小微企业参与跨境人民币结算的积极性、节省中小微企业的汇兑成本、提高银行机构结算效率等方面发挥了积极作用。

助力跨境电商发展

2008年全球金融危机引发全球经济增速放缓和国际贸易不景气之后，为开拓市场、提高效益，全球跨境电商逆势崛起，展现了国际贸易向互联网转型的势不可当和无限潜力。2011年，“跨境电商”一词开始在国内媒体上出现，预示着新的外贸形态开始萌发。2013年，在国家相关政策倾斜下，跨境进口电商凭借其低价、快捷的特点，开始进入中国主流消费市场。

作为未来外贸发展新业态，跨境电商潜力巨大，人民币有必要借助跨境电商渠道扩大在跨境贸易中的使用，同时以跨境人民币结算的优势促进跨境电商发展。问题的症结在于跨境电商与传统贸易方式不同，线上交易的特点使得每笔交易的信息流、资金流和货物流很难匹配，银行无法按照传统的进口业务那样凭合同、发票、报关单去匹配资金流与货物流，风险很大。思路决定出路，我认为跨境电商是一种依托互联网技术发展起来的新型业态，如果仍用传统的管理模式来监管，必然会不适应，应该探索出一种适合这种新型业态的新监管模式。跨境人民币结算是一种全新的市场化的管理模式，可以在探索跨境电商业务管理中发挥积极作用，同时本币结算也可降低跨境资金流动风险。

2013年3—5月，我多次召开部门会议以及银行和支付机构会议，在深入调研的基础上研究支付机构的跨境支付业务，出台了《第三方支付机构跨境支付业务管理办法》，从商户准入、交易留痕、事后核查三个方面加强支付机构业务风险管理，指导部分支付机构和银行合作开展支付机构跨境支付业务试点，为后来在全国推出支付机构跨境人民币结算业务积累经验。

由于广东早期开展了支付机构业务探索，当地银行在服务支付机构开展跨境业务方面积累了丰富经验，建立了完善的内控制度和业务系统，所以广东的支付机构跨境人民币结算业务一直在全国处于领先地位，一些知名的支付机构，例如支付宝、财付通等，都与广东的银行建立了长期的合作关系，业务进展顺利。截至2019年6月末，广东已开展跨境人民币结算业务的支付机构41家，累计结算金额4000多亿元。

非居民跨境人民币缴税

在没有开展跨境人民币结算业务之前，非居民（系金融术语，指境外的实体和个人）纳税主体需要从境外汇入外汇来缴纳境内税款。有企业主体提出，用外汇缴纳境内税款经常会遇到汇率变化而产生补、退汇的烦琐环节，能否用跨境人民币境内税款。为适应需求，2013年12月，广州地区率先推出境外非居民纳税主体跨境人民币缴税方式，并于2014年2月18日成功办理首笔从香港以人民币汇入的个人所得税缴税款。

为推动该业务顺利落地，大区行与广州市各级财税部门建立工作联动协调机制，联合发布《关于采用跨境人民币汇款方式缴纳税款缴库有关事项的通知》，明确跨境人民币缴税方式的内涵、外延和操作流程，为广州开通跨境人民币缴税业务打下制度基础。同时，细化和完善配套政策措施，出台跨境人民币缴税业务操作指引和《广州跨境人民币缴税业务登记簿（台账）》，疏通和优化境外非居民纳税主体采取跨境人民币结算方式办理缴税业务的障碍和环节。在确保真实交易方面，加大跨境人民币缴税流程管理和动态监测。设置了跨境人民币缴税流程，加大纳税申报、资金汇划与税款缴库的流程监控力度，确保缴税行为的真实性，严防境外非居民采用虚假贸易申报等手段，利用跨境人民币缴税渠道开展洗钱、金融套利、热钱汇入等违法违规行为。

2014年2月18日，中国农业银行广州越秀支行首次以跨境人民币汇款缴税方式，成功办理非居民从香港汇入的人民币107万元个人所得税申报资金。跨境人民币缴税方式能降低境外非居民纳税主体的汇率风险，同时简化境内结汇和补、退汇等中间环节，减少汇兑成本、套期保值费用和交易费用。如广州首笔人民币107万元跨境人民币缴税业务交易费用不超过1200元，而采用境外美元汇款方式的交易费用最高可达2250元，降幅达47%。跨境人民币缴税扩大了珠三角金融圈普惠金融服务的受益群体，使境外非居民纳税主体享受到金融服务创新带来的国民待遇，便利了珠三角地区跨境经贸投资往来，为金融改革创新促进地方经济社会发展提供了崭新的思路和视角。

2015年7月，该试点业务顺利落地珠海，注册地为英属维尔京群岛的两家企业向珠海市高新区国税局申报缴纳股权转让企业所得税4094万元，获得税务部门核准，并最终通过跨境人民币汇款方式缴税，便利了境外纳税人缴税。

探索跨境人民币融资

随着跨境人民币业务的不断发展，银行企业等市场主体对跨境人民币业务发展和先行先试政策给予更多期待，与此同时港澳市场沉淀的人民币资金越来越多，当时海外人民币投资渠道有限，人民币存贷款利率远远低于境内，海外人民币持有者迫切希望能够打通人民币回流境内的渠道，而境内市场主体则希望能够从境外借入低成本的人民币资金，缓解在境内“融资难、融资贵”的问题。

2012年，深圳前海新区启动了跨境人民币贷款试点，允许前海新区企业从香港的银行借入人民币贷款。2014年，广州南沙新区、珠海横琴新区也启动了跨境人民币贷款试点，允许区内企业和在新区有投资项目的省内企业从香港、澳门的银行借入人民币贷款。跨境人民币贷款业务打通了粤港跨境人民币融资的渠道，为广东省内企业解决“融资难、融资贵”问题开辟了新的路径，同时也增加了港澳人民币资金的投资渠道，支持离岸人民币市场的发展。

广东一家航运企业是最早参与跨境人民币贷款试点业务的企业集团之一，是以粤港澳港口物流、水路高速客运、船舶工业、近远洋运输为主业的广东省属企业，在港澳和珠三角地区拥有22个内河码头、10个客运口岸码头、经营和代理55艘水上高速客船。跨境人民币业务启动后，该企业一直高度关注并积极参与各项业务，其在香港设立的一家船务公司早在2011年、2012年就以人民币投资在广州南沙、中山黄圃新设公司，以人民币方式进行境外投资分红，在港运营子公司接受当地居民的人民币购票款等。在跨境人民币贷款试点业务启动后，该企业成功向香港金融机构借入低成本人民币资金10亿元，用于企业日常经营周转，相比境内融资，节省利息支出超过6000万元，取得了良好成效。

该试点政策也为粤澳合作产业园内很多企业解了燃眉之急。比如，珠海一家澳资公司是粤澳合作产业园首批进驻企业之一。该公司承接的澳门健康谷项目，是其澳门股东从澳门引入横琴的首个项目。项目设计包括企业总部、健康养生于一体的综合体项目，具有浓厚的澳门元素，是横琴践行支持澳门经济适度多元化的生动范例。该项目开发建设预算总投资约为6亿元，其中注册资本3亿元，除了股东自投资金以外，如何能够在银行取得融资支持，成为该司最迫切需要解决的问题，同时也是投资横琴的澳门企业普遍面临的问题。内地金融机构对澳门股东背景、过往经营情况信息并不了解，无法提供项目贷款。但该股东扎根澳门多年，在当地有着良好的资信背景及可供参考的银行流水等资料，又是当地金融机构长期合作伙伴，澳门金融机构可以提供项目建设所需资金，但其资金无法入境。正在该公司盼望获得融资以补充建设资金的时候，跨境人民币贷款政策送来及时雨。位于珠海的中国银行横琴分行（以下简称“横琴中行”）充分运用中银集团在粤港澳地区的服务优势，加强跨境联动，与中银澳门合作组成跨境服务小组积极进行政策宣讲，并针对融资需求设计专项业务流程方案，争取最优融资条件。最终，该公司通过横琴中行办理4.6亿元的跨境人民币贷款，大大减轻了股东资金占用负担，提高了资金使用效率，同时降低了融资成本和项目建设成本，确保了项目后续建设得以继续。

点心债成了香饽饽

随着人民币在香港不断沉淀，2007年，国家开发银行获准在香港发行人民币债券，此后，财政部也于2009年、2010年赴香港发行国债，丰富了香港的高等级人民币投资产品，随后汇丰银行、东亚银行等金融机构和麦当劳等企业都陆续在香港发行人民币债券募集资金，推动香港人民币离岸市场不断发展，人民币各项金融产品不断丰富。

毗邻港澳的区位优势是我们推动广东跨境人民币业务发展的重要抓手。当看到香港离岸市场人民币资金沉淀量不断增长，我们就积极沟通，为辖内企业到香港市场发行人民币债券回流境内使用提供支持，帮助企业更好地利用两个市场、两种资源，有效降低融资成本、拓宽融资渠道。

珠海某投资有限公司是国务院批复的《横琴总体发展规划》中明确提出的“两层机构、一站式服务”管理模式中的开发运营公司。该公司承担了横琴大量重大基础设施项目建设任务，长期以来积极关注引进港澳低成本资金支持横琴开发建设。当时正处于火热开发基础设施、急需低成本资金的横琴嗅到了政策改革风口的味道，开始调整融资方向和资金管理策略。在相关部门的指导和支持下，制定了香港发债整体方案。我们争取央行支持，同意其将发债的50%回流内地使用。2014年1月7日，国家发展和改革委员会批准该公司赴香港发行不超过15亿元人民币的债券。浦发银行牵头境内外联动，由浦发银行香港分行开立备用信用证为债券进行担保。2014年12月2日至3日，该公司在新加坡和中国香港完成债券发行路演；12月4日，簿记定价。在同一时间中国工商银行以定息6%的利率发行120亿元优先股的市场环境下，横琴以5%指导区间公布债券交易初始价格。连公司自己都没意料到，他们在香港发行的点心债会这么受欢迎，最终完成认购账簿达30亿元人民币，两倍超额认购，以4.75%的票面利率完成三年期15亿元点心债的发行。债券于2014年12月11日交割完毕，隔天募集资金7亿多人民币回流至该公司在内地开立的外债专户。

该公司“点心债”创下“两个内地第一，一个省内第一”，是内地首个获准赴香港发行的地方城投类企业债券，是内地首家获准赴境外发债的地方非上市企业，是广东省首家获准赴港发行债券的地方企业。发债募集资金50%用于横琴市政基础设施建设，50%用于境外增资。该公司的“点心债”是创新融资渠道，将港澳低成本资金对接横琴重大基础设施项目建设的典型案例。

澳门投资怎么进来

在2015年春一个阳光明媚的下午，广东省港澳办领导和广东省国资委计划财务处处长来到我的办公室，我们就落实广东省人民政府与澳门特区政府的一个合作计划进行商讨。这个合作计划缘于广东省人民政府与澳门特区政府高层领导在一次会晤中，就澳门特区政府以财政盈余资金投资广东省内的重点项目达成了一致意见，由广东省港澳办和国资委负责具体落实。

澳门特区政府的投资资金怎么进来，是这个计划实施的关键。由于澳门方面提出希望采用合格境外有限合伙人（QFIP）方式进行投资，即澳方与境内基金管理公司联合发起设立股权投资基金，澳方以有限合伙人的身份向基金出资，由股权投资基金向广东省内项目公司投资，外方从基金的投资中获得收益。

当时外汇管理对资本项目收入仍实行支付结汇制，对外商投资企业或合伙企业的外汇资本金结汇用于境内投资有非常严格的限制，所以澳方的外汇资金汇入境内的基金管理公司结汇投向省内其他项目公司，没有外汇管理法规支持。我琢磨，如果外汇渠道走不通，跨境人民币结算或许可以有所突破。于是，召集相关业务人员一起讨论，认为可以参照现行外商投资合伙企业跨境人民币结算管理相关规定，允许外方以人民币向股权投资基金出资，将来投资收益也可以人民币汇出，不涉及结汇和购汇的问题。我们将方案跟北京方面充分沟通之后，向广东省人民政府报告。同时，也主动与负责澳门财政资金投资项目的澳门金融管理局联系，落实澳门外汇资金在离岸市场结汇汇入事宜。在各方的积极推动下，2018年底粤澳双方在珠海横琴设立了粤澳合作发展基金，首期投资规模为200亿元人民币。截至2019年底，粤澳合作发展基金已经到位的资金超过100亿元，陆续投入河惠莞高速公路、珠海大横琴科学城等粤港澳大湾区基础设施建设及横琴新区重点项目开发，取得了良好的社会效益和经济效益。

引领自贸区扩大开放

2013年4月，广东启动了申报自贸区工作，成立了由53个中央、省直单位组成的调研组，分7个专题94个子项，对自贸区的功能定位、实施范围、政策措施、体制机制等内容开展调研。我负责牵头广东金融改革创新板块的草拟和沟通工作。为此，我在2013年7月、10月和2014年2月多次赴北京汇报和沟通。当时的想法是，尽可能多的将金融创新写进自贸区总体方案。2015年4月，国务院批准广东、天津、福建设立第二批自贸区。在国务院发布的《中国（广东）自由贸易试验区总体方案》中，关于创新任务的表述共有6700字，其中金融改革部分2500多字，篇幅最长，占比超过三分之一。

广东自贸区的设立为粤港澳金融合作发展搭建了一个更高规格的平台，为抓住广东自贸区作为金融改革“试验田”的机会，积极推动自贸区跨境人民币业务创新，促进粤港澳金融一体化发展，按照要求，我带领相关处室研究金融支持广东自贸区建设的政策。我们经过深入调研，在全面了解辖内跨境人民币业务需求的基础上，就创新账户管理、创新跨境融资业务、加强与港澳业务合作等方面反复论证，上报了开展跨境人民币业务创新的相关建议。2015年12月，央行发布了《关于金融支持中国（广东）自由贸易试验区建设的指导意见》（俗称“金改30条”），其中涉及跨境人民币业务创新的政策达11条之多。

随后，我们积极与港澳金融管理局沟通协调，联合粤港澳金融机构开展调研，共同研究落实“金改30条”的具体措施。2016年4月，《关于支持中国（广东）自由贸易试验区扩大人民币跨境使用的通知》发布，重点支持自贸区5项人民币创新业务，包括区内个人经常项目和直接投资跨境人民币业务、区内跨国企业集团跨境双向人民币资金池、区内金融机构和企业境外发行人民币债券募集资金回流、区内企业境外母公司“熊猫债”募集资金境内使用、区内银行发放境外人民币贷款等业务。各项创新试点业务进展良好。与港澳地区发生的业务量占全部业务的九成以上，将粤港澳金融合作提升到一个更高的水平。

自贸区扩大人民币跨境使用政策取得明显成效，截至2017年5月末，广东自贸区跨境人民币结算量达2997亿元，占区内本外币跨境收支总额的八成。南沙、横琴片区银行发放境外人民币贷款业务58笔，金额合计119.49亿元，有30个跨国企业集团在南沙、横琴自贸片区设立了跨境人民币资金池。

跨境人民币贷款

2015年7月，开展跨境人民币贷款业务试点在广东南沙、横琴启动，作为一项跨境人民币创新业务。试点允许在南沙、横琴新区注册成立并在区内实际经营或投资的企业，以及参与区内重点项目投资建设的广东省内企业，从港澳地区银行借入人民币资金。资金使用范围限于区内或境外，包括区内生产经营、区内项目建设以及区内企业的境外项目建设等，资金投向应符合国家宏观调控方向和产业政策导向。跨境人民币贷款的期限、利率由借贷双方按照商业原则在合理范围内自主确定。同时，我们结合南沙、横琴新区建设发展资金需求和港澳人民币业务发展情况，确定南沙、横琴新区跨境人民币贷款业务总规模，并实行余额管理。

我们在设计广东南沙、横琴新区开展跨境人民币贷款业务创新时考虑：首先，帮助辖区内中资企业开辟跨境融资的便利渠道，降低企业融资成本，推动产业转型升级和外贸稳定增长；其次，进一步深化粤港澳金融合作，促进内地与港澳跨境投融资便利化，支持港澳地区离岸人民币市场发展；再次，推动“一带一路”倡议的实施，为打造泛珠三角区域发展综合服务区营造良好的金融服务环境；最后，当然是有利于推动人民币国际化和资本项目可兑换，为我国全面深化金融改革创新探索可复制、可推广的经验。截至2018年末，共58家企业办理了跨境人民币贷款业务，签约金额282亿元。如珠海一家热电公司作为中资企业，按照当时的政策，无法借入外债资金，但南沙、横琴新区跨境人民币贷款政策帮助企业获得了境外低成本人民币融资资金，匡算下来共节约了融资成本70多万元。该公司是澳门电网重要电源支撑点，跨境人民币贷款政策有效节约了企业融资成本，有力支持了澳门民生事业发展，推动了粤港澳优质生活圈建设。

香港电子支票跨境结算

2016年7月，在粤港电子支票联合结算业务发布会上，宣布广东自贸区在全国率先实现香港电子支票的跨境托收。粤港电子支票是全国首创的新型跨境电子支付工具，以PDF（便携式文档格式）文件记载并传递与传统纸质支票相似的票据要素数据，与纸张支票具有同等的法律效力，包括人民币、港币和美元三个币种。粤港电子支票联合结算业务允许客户通过境内银行机构办理香港电子支票的收款，其签发、交付、托收、清算及结算全程电子化处理。客户点击电脑或手机软件，可以实时签发人民币等电子支票，并存票至香港、广州及深圳的银行。其优势一是实现了网上签发、传递及托收，打破地域、时间限制，避免携带遗失；二是无纸化交易，快捷环保，节省流通成本；三是采取了更严格的安全保障措施，可信安全。

全口径跨境融资宏观审慎管理政策

2016年1月，央行在广东、天津、福建三个自贸区开展全口径跨境融资宏观审慎管理试点。对试点企业和金融机构，不实行外债事前审批，建立宏观审慎规则下基于微观主体资本或净资产的跨境融资约束机制。全口径跨境融资宏观审慎管理具有本币与外币统一、总量与结构并重、宏观审慎与微观审慎联动的特点，是探索主动应对跨境资本流动的开创性实践。2016年5月，该项试点政策从自贸区推广到全国。

人民币国际化浮出水面

早期，跨境人民币业务试点工作坚持低调务实、“多做少说”的工作方式，一方面是由于跨境人民币业务刚刚起步，距离国际化目标尚远，另一方面也不希望引起外部的过度关注，以争取好的内外部环境推进业务发展。因此，在正式场合从未提出和使用“人民币国际化”的字眼，一般称为“人民币跨境使用”或“人民币跨境结算”。

然而，跨境人民币结算业务就像一颗种子，落地之后生根发芽，在短短五年中迅速成长，业务进展远远超出了最初的预期。2013年，全国跨境贸易人民币结算量突破4万亿元，人民币成为我国第二大跨境收支货币，占比达17%。海外对人民币的认可度也越来越高，2014年1月，人民币跃居全球支付货币第七位，欧洲中央银行认为：到2015年，中国贸易将有三分之一以人民币计价结算，人民币将逐步成为全球储备货币。

在2014年全国两会期间，央行行长周小川在接受媒体采访时首次提出了“人民币国际化”。他指出，国际金融危机的发生，使得国际社会对于现有的国际货币体系有某种程度的不满意，或者信心不足，所以大家开始愿意更多地使用人民币，这是人民币国际化的机遇。人民币要实现国际化，还是一个相对比较漫长的过程。在这个过程中，央行将从政策上、从实力上、从信心上逐渐创造条件，使人民币可以被大家选择使用。

2014年10月，央行副行长胡晓炼出席跨境人民币业务五周年座谈会时，发表了题为“深化改革　扩大开放　为人民币国际化扬起风帆”的报告。她指出，五年多来，人民币跨境业务从无到有、从小到大，蓬勃发展，焕发出了旺盛的生命力和巨大的活力。人民币国际化之所以在较短的时间内“巨轮”出海并保持了较好的“远航”势头，从根本上看，得益于改革开放这个巨大的“风帆”。人民币国际化是我国改革开放不断深化的结果，也是深化改革开放的催化剂。我国正处于深化改革开放的新阶段，国家改革整体战略部署正在逐步落实之中，将会派生出更大、更广范围的人民币跨境使用的市场需求，将为人民币国际化持续注入新的动力。

2015年6月，央行首次发布《人民币国际化报告（2015）》，正式对外宣告将人民币国际化纳入国家战略，这让我们深受鼓舞，在同年召开的广东省跨境人民币业务会议上，我们就“人民币国际化的机遇与挑战”展开深入地分析和交流。时任大区行行长提出整合广州、深圳、香港、澳门的金融业务优势，打造大珠三角金融核心圈，推动粤港澳跨境人民币业务创新，助力人民币国际化发展。2015年，广东跨境人民币结算量连续六年居全国首位，约占全国的三分之一，人民币在跨境结算的占比高达36%，比全国平均水平高出8个百分点。在人民币国际化道路上，广东充分发挥了排头兵的作用。

第五章

市场变化

人民币国际化在波动中前进

2015年，随着国内外经济形势变化，人民币汇率和国际收支状况发生了转变，人民币国际化出现了一些波折。我们在服从大局的前提下，采取必要的宏观审慎管理措施，稳定人民币汇率预期、防范跨境资金流动风险。同时，在人民币国际化波浪式前进过程中，我们坚持统筹兼顾，抓住时机推进跨境人民币业务，满足实体经济合理需求。

改革的最佳时机

自跨境贸易人民币结算试点工作启动以来，外界对人民币国际化与利率、汇率市场化和资本项目可兑换的先后次序问题一直存在着争议。有观点认为，我国只有在利率和汇率都完全实现市场化、资本项目实现可兑换的情况下，才可以启动人民币国际化，人民币才能得到境外市场主体的认可和接受，并可防范对国内金融稳定造成冲击。

任何政策选择都有机会成本，都要承担一定风险，所谓改革的最佳时机在客观上是不存在的。金融改革与其他改革一样，必须抢抓机遇、顺势而为，决不能为了等待条件成熟而错失良机。2008年全球金融危机爆发后，我国主要的贸易伙伴面临外汇流动性紧张的困难，主动提出与我国开展货币互换和人民币跨境结算，人民币国际化面临重要窗口机遇期，如果坚持将利率、汇率的市场化改革、资本项目可兑换作为人民币国际化的前提条件，我们将错过这一难得的历史机遇。实际上，人民币国际化与利率和汇率市场化改革、资本项目可兑换是相互促进、相辅相成的，人民币国际化遇到有利时机先行一步，可促进利率和汇率市场化、资本项目可兑换等金融改革向纵深发展。

2009年7月以来，跨境人民币结算业务的蓬勃发展，证明了人民币国际化先行一步的可行性和必要性，人民币越来越得到境外市场主体的认可，人民币国际化对我国金融稳定的影响在可控范围，围绕哪项改革先行的争议渐渐消退。

业务发展进入新阶段

自2009年7月启动跨境贸易人民币结算试点以来，跨境人民币结算业务的快速发展在很大程度得益于人民币持续坚定长期升值，市场主体愿意持有人民币和投资人民币资产。从2008年国际金融危机爆发以来到2015年8月，人民币兑美元汇率累计升值12%，名义有效汇率指数和实际有效汇率指数分别升值32%和27%。2014年初，人民币汇率一度升至6.04元，市场主体普遍预期人民币汇率即将进入“5”时代。2015年8月，央行完善人民币汇率形成机制，推进汇率市场化改革，人民币汇率从单边升值变为双向波动，对人民币国际化产生了深远影响，跨境人民币结算业务发展也进入了新阶段。

我国的汇率改革。对中国而言，汇率市场化一直是改革的重要目标。为了配合实体经济的对外开放，我国在过去很长的一段时间里，不断地推进汇率改革。20世纪90年代初期，实行双轨制的汇率制度，即官方汇率和外汇调剂市场汇率并存。1994年初，实施汇率并轨，开始实行以市场供求为基础的、单一的、有管理的浮动汇率制度，央行公布人民币汇率中间价，同时设定一定的汇率浮动范围，通过调控市场保持人民币汇率的稳定。2005年7月，为缓解国际收支失衡、扩大内需、提升企业国际竞争力、提高对外开放水平，人民币汇率形成机制再次进行改革，人民币汇率不再盯住单一美元，而是根据对外经济发展的实际情况选取货币篮子，以市场供求为基础，参考一篮子货币计算人民币多边汇率指数变化进行汇率的管理和调节，从而维持人民币汇率在合理均衡水平上的基本稳定。人民币跨境结算业务启动后，央行顺应形势发展接续推进汇率改革，三次放宽人民币汇率波动幅度，增强人民币汇率弹性，人民币兑美元交易价日间波幅从0.3%提高至2%，同时央行基本退出常态外汇干预。

完善人民币汇率形成机制。人民币汇率中间价形成的市场化是汇率机制改革的重要组成部分。1994年汇率并轨以后，人民币汇率中间价参考上一日银行间市场交易价的加权平均价格形成。2005年7月汇率改革后，改为由上一交易日的收盘价形成。2006年1月，央行引入询价交易方式和做市商制度，在此基础上人民币汇率中间价为当日开市前由中国外汇交易中心向做市商询价，去掉最高价和最低价后得到的加权平均价作为当日的基准价格，并授权其对外发布，强化了中间价形成的市场作用。2015年8月11日，为增强人民币兑美元汇率中间价的市场化程度和基准性，央行发布声明完善人民币兑美元汇率中间价报价。自2015年8月11日起，做市商在每日银行间外汇市场开盘前，参考上日银行间外汇市场收盘汇率，综合考虑外汇供求情况以及国际主要货币汇率变化向中国外汇交易中心提供中间价报价（俗称"'8·11'汇改"）。这次央行完善人民币汇率中间价形成机制，是根据国际通行的基准价格形成机制。优化了做市商报价，回归到以上日收盘价作为定价基础的做法，提高了中间价市场化程度，保持了价格的连续性和透明度。

从国际经验看，当今主要世界货币大都实行浮动汇率安排。"8·11"汇改使得人民币汇率市场化程度进一步提高，一个更加灵活的汇率形成机制有利于在风险可控的前提下加快人民币资本项目可兑换和人民币国际化。

人民币汇率从持续单边升值朝着更加市场化的双向波动方向发展，显然，市场还需要一定时间来适应这种变化，尤其是在中国经济下行和美元走强背景下，这次汇改和汇率调整，触发了市场对人民币贬值的强烈预期。原来基于人民币升值预期开展的跨境人民币结算业务需求受到影响，在经历了六年的高速发展之后，2016年全国跨境人民币结算量首次出现负增长。在广东，2016年跨境人民币结算量为2.7万亿元，同比下降10%。2017年以来，随着形势逐步好转，央行大力推进国内金融市场开放，跨境人民币结算业务保持稳步增长，且资本项目业务增长的规模和速度超过了经常项目。现在市场主体开展跨境人民币结算业务很少考虑人民币是否升值，更多的是基于规避汇率风险和降低交易成本的需求，跨境人民币结算业务与汇率波动关系趋于弱化，业务发展进入了新阶段。

人民币“入篮”

2009年3月23日，央行行长周小川在G20（二十国集团）伦敦金融峰会前夕发表了《关于改革国际货币体系的思考》，建议充分发挥特别提款权（SDR）的作用并创造一种超主权储备货币。SDR是1969年国际货币基金组织（IMF）创立的一种补充性储备资产，与黄金、外汇等其他储备资产一起构成国际储备。SDR作为一种提款权，在一定条件下持有者可用以提取IMF指定成员国的可自由使用货币。SDR仅在官方部门使用，主要具有三种职能：一是价值储藏，作为储备资产被各国持有；二是记账单位，国际清算银行等国际金融机构以SDR作为记账单位，IMF向成员国提供以SDR标价的贷款；三是支付手段，各国向IMF缴纳份额、还款，IMF向成员国支付利息均可采用SDR支付。

金融危机爆发后，中国作为新兴市场国家，在全球金融危机之后经济保持稳定增长，国际上一些专家学者建议把人民币纳入SDR体系。我国宏观决策层也认为人民币加入SDR，有助于促进人民币在金融交易中的使用，有助于更多国家将人民币纳入外汇储备，有助于中国加快推动金融改革和对外开放，也完善了全球货币体系。为维护全球金融稳定，完善全球经济治理做出积极贡献，决定利用国际货币基金组织2015年对SDR进行五年一次评估的机会，积极推动人民币加入SDR。

在我国还没有完全实现资本项目可兑换的情况下，如何推动人民币加入SDR是一个各方都关注的问题。实际上，我国早在1993年中共十四届三中全会就提出了“逐步使人民币成为可兑换货币”的目标，1996年实现了经常项目可兑换以后，就一直在推动资本项目可兑换，但1997—1998年的年亚洲金融危机和2008年全球金融危机使得我国资本项目可兑换进程受到了影响。在全球金融危机之后，我国顺应市场需求，扩大人民币跨境使用，推动人民币国际化发展，进一步增加了资本项目可兑换的程度。2013年，中共十八届三中全会提出了“加快实现人民币资本项目可兑换”。2015年3月，李克强总理在会见国际货币基金组织总裁拉加德时表示，中国将推出有针对性的措施，加快实现人民币资本项目基本可兑换，提高人民币可自由使用程度。2015年10月，《中共中央关于制定国民经济和社会发展第十三个五年规划的建议》指出，要“有序实现人民币资本项目可兑换，推动人民币加入特别提款权，成为可兑换、可自由使用货币”。2016年3月，“十三五”规划提出“有序实现人民币资本项目可兑换，提高可兑换、可自由使用程度”。根据中共中央、国务院工作部署，央行就推动人民币加入SDR做好一系列“家庭作业”，包括完善人民币汇率形成机制、推动国内资本市场对外开放、进一步便利人民币跨境和国际使用、支持离岸人民币市场发展等。

IMF对SDR篮子货币的选择标准包括出口和可自由使用两方面，早在2010年的SDR审查中，人民币就满足了出口标准，但在可自由使用方面尚有一定差距。此后，人民币国际化取得长足发展，人民币跨境支付不断上升，离岸人民币市场进一步发展，2015年审查时，人民币在“广泛使用”“广泛交易”方面的各项指标居各国货币前列，最终IMF认定人民币满足出口和可自由兑换标准，决定将人民币纳入SDR货币篮子。

2015年11月30日，IMF总裁拉加德宣布，执董会决定于2016年10月1日起将人民币纳入SDR货币篮子，人民币成为继美元、欧元、日元、英镑后的第五种SDR篮子货币，其中人民币权重达10.92%，位居第三。当我在《新闻联播》中看到IMF总裁拉加德宣布人民币加入SDR的刹那，回想起当年人民币跨境结算克服种种困难蹒跚起步，为企业排忧解难渐渐获得认可，面对争议和质疑坚定前行，心中有无限的感慨，相信千千万万推动人民币国际化工作的领导、同事、朋友们，都会有同样的感慨。

人民币加入SDR是中国持续推动改革开放、促进经济发展的结果，也是人民币国际化的重要里程碑。短期来看，将增加人民币资产在全球市场的吸引力；长期来看，将巩固和提升人民币作为国际储备货币地位，增强国际社会对人民币的信心，将对人民币国际化发展带来深远影响。

应对跨境资金流动风险

在新的汇率形成机制启动之后，2015年8月11日人民币汇率中间价为6.2298，比前一交易日贬值1.86%；第二天人民币汇率中间价为6.3306，比前一交易日再次贬值1.62%。人民币兑美元汇率迅速调整，2014年以来汇率中间价与市场价格的偏离得到一次性校正。但在此之前，人民币经历了近十年的单边升值，已经积累了一定的贬值压力，在中国经济下行和美元走强背景下，这次汇改和汇率调整，触发了市场对人民币贬值的强烈预期。

离岸人民币市场的牵引下，人民币汇率2017年1月末较2015年7月末汇率贬值了6770bp（基点），贬值幅度达10.9%。跨境人民币收支自2015年10月至2017年7月持续处于净流出状态，外汇储备从2015年6月的36938.38亿美元下降至2017年1月的29982.04亿美元。国际收支由长期以来的基本“双顺差”转为“一顺一逆”，经常账户保持顺差，资本和金融账户逆差，2015年，非储备性质的金融账户逆差达5044亿美元。

面对人民币汇率大幅波动和跨境资金流动形势的转变，李克强总理在不同场合强调人民币汇率对一篮子货币保持基本稳定，不存在持续贬值的基础。周小川行长曾多次在接受采访时表示，当前中国国际收支状况良好，国际竞争力仍很强，跨境资本流动处于正常区间，人民币汇率对一篮子货币保持了基本稳定，还有所升值，不存在持续贬值的基础。但是市场悲观情绪仍难以消散，羊群效应导致国内大量资金外流。为了避免出现系统性风险，央行果断出台了多项宏观审慎管理措施：

将银行远期售汇业务纳入宏观审慎政策框架。2015年10月，对开展代客远期售汇业务的金融机构收取外汇风险准备金，准备金率达20%。防止远期售汇业务顺周期行为演变成羊群效应，影响即期汇率，进而影响企业的远期购汇行为。

发布CFETS人民币汇率指数。2015年12月，中国外汇交易中心（CFETS）发布的CFETS人民币汇率指数参考了CFETS货币篮子，具体包括中国外汇交易中心挂牌的各人民币交易币种，样本货币权重采用考虑转口贸易因素的贸易权重法计算而得。CFETS人民币汇率指数的发布，主要是为了推动社会转变观察人民币汇率视角，参考一篮子货币的汇率指数与人民币对美元的双边汇率相比，更能反映商品和服务的综合竞争力，也更能发挥汇率调节进出口、投资和国际收支的作用。

对境外金融机构在境内金融机构存放执行正常存款准备金率。2016年1月起，对境外金融机构在境内金融机构存放执行正常存款准备金率，建立对跨境人民币资金流动进行逆周期调节的长效机制，目的在于抑制跨境人民币资金流动的顺周期行为，引导境外金融机构加强人民币流动性管理。

在人民币中间价报价模型增加逆周期调节因子。2017年5月，外汇市场自律机制核心成员基于市场化原则，将人民币对美元汇率中间价报价模型由原来的“收盘价+一篮子货币汇率变化”调整为“收盘价+一篮子货币汇率变化+逆周期因子”，以适度对冲市场情绪的顺周期波动。由于“收盘价+一篮子”机制确定的中间价存在一定的顺周期性，容易受到非理性预期的惯性驱使，放大单边市场预期，增大市场汇率超调的风险。因此，在中间价报价模型中增加逆周期因子，使中间价报价更加充分地反映我国经济运行等基本面因素，更真实地体现外汇供求和一篮子货币汇率变化。

艰难时刻笃定前行

面对人民币汇率波动加大和跨境资金流动日益严峻的形势，广东作为全国跨境人民币业务量最大的地区，义不容辞地肩负着稳定人民币汇率预期、防范跨境资金异常流动的重任。在思想统一的基础上，明确工作方法，既要坚持原则性，又要保持灵活性；既要以服务全国大局为出发点，不折不扣落实宏观审慎管理措施和要求，又要以支持地方经济为落脚点，尽力满足实体经济真实交易的需要。为此，我们抽调专人加大业务监测检查力度，有效管理跨境人民币资金流动；同时，抓住人民币国际化形势波浪式前进中稍纵即逝的有利时机，克服困难，继续推广跨境人民币的使用，推进跨境人民币业务创新，为企业开展贸易投融资做好服务。

2016年初，国内一家打印耗材企业启动了大型跨国并购项目。这次并购能大幅度提升该企业产品在国内国际市场上的竞争力。同年9月，并购事项已经先后通过了交易双方上市公司董事会、股东大会，中国国家发展和改革委员会、商务部，美国外资投资委员会（CFIUS），以及美国、土耳其、波兰、德国、奥地利、俄罗斯、墨西哥等七国的反垄断审查等内外部审批。11月初，并购三方签署相关补充协议后，正式通过结算银行提出了资金出境需求。

这次并购需从境内汇出大额本外币资金，平衡收付是个难题。考虑到该笔并购业务背景真实且意义重大，我们在具体业务处理中，坚持了“实事求是”“服务实体”的基本原则，积极向上级争取，支持该笔大额跨境并购业务。我们与企业并购项目实际操作人员面对面地深入交流，充分了解并购项目的背景和进展情况，并向企业传达了央行关于本外币跨境资金一体化管理的精神，指导企业按照实际使用的原则合理选择境内外购汇方式，同时要做好资金出境安排，避免集中时间大额汇出带来的影响。我们指导结算银行合理设计人民币资金汇出方案，在满足企业交割时间要求的前提下尽量降低对市场的冲击。2016年11月底，企业并购资金分别通过境外投资资本金、境外放款、银行并购贷款等多种方式分批平滑出境，保证了并购顺利完成。

在各方支持下，我们顶住了压力，经受住了考验，守住了底线。凡是具有真实背景的合法交易，敞开绿灯；只要涉及国计民生的项目，一路保驾护航。经过大家的艰苦努力，赢得了市场主体的充分理解支持，既为稳定人民币汇率预期、有效监管跨境资金流动做出了应有的贡献，又没有因此引起负面舆情、没有收到投诉，取得了良好的效果，得到了高度评价。2016年，广东省跨境人民币业务结算量达2.7万亿元，人民币跨境收支占比达33%，比全国高出7.5个百分点，跨境收支保持平稳均衡。

促“一带一路”资金融通

2013年秋，习近平主席在访问中亚和东南亚国家期间提出了共建“丝绸之路经济带”和“21世纪海上丝绸之路”的倡议。2015年3月，国家发展改革委、外交部、商务部联合发布了《推动共建丝绸之路经济带和21世纪海上丝绸之路的愿景与行动》，阐明了落实“一带一路”倡议的共建原则、合作重点和制度保障等方面。2017年5月，第一届“一带一路”国际合作高峰论坛在北京举行，进一步凝聚共识，推动各方加强发展战略对接，实现联动发展。

“一带一路”建设，为人民币国际化注入了新的动力。在这一时期，我们遵循“本币优先”原则，扩大人民币的使用途径和范围，提升跨境人民币业务的服务能力，推动人民币服务“一带一路”建设。2016年、2017年，广东省跨境人民币业务量同比分别下降了10.4%和20.0%，但在此背景下，广东与“一带一路”沿线国家跨境人民币结算量分别达3700多亿元和3800多亿元，同比增速仍保持24.3%和3.3%，成为广东跨境人民币业务发展的新亮点。

境外主体首笔公募熊猫债

2016年3月，香港一家中资交通基建投资有限公司在境内成功发行了熊猫债，募集资金10亿元，其中6亿境内使用，但其余4亿资金需汇出至境外使用。该公司计划通过在境内发行人民币熊猫债优化公司资产负债结构。为了满足企业将熊猫债资金分别在境内外使用的需要，我们指导中国农业银行广东省分行设计了熊猫债发行和募集资金回流的具体方案，顺利完成了募集资金的跨境清算。该笔熊猫债的发行，有力拓宽了企业的融资渠道，解决了境内外项目的实际资金需求，有效降低了融资成本。

2017年2月，俄罗斯一家铝业公司在上海证券交易所（以下简称“上交所”）注册发行了熊猫债10亿元，打算将募集资金汇出境外，但由于当时上交所发行熊猫债募集资金跨境汇出政策细则尚未明确，该公司熊猫债发行募集资金托管行——中国农业银行广东省分行向我们提出了业务办理的请示，我们在深入调研的基础上，积极争取支持，指导托管行制定了解决方案。经过积极协调，2017年3月该公司顺利将募集资金汇出境外，部分用于偿还境外贷款，部分汇至其欧洲子公司。该业务是全国首笔“一带一路”沿线国家企业发行熊猫债募集资金跨境人民币结算业务，进一步提高了广东省内商业银行在跨境投融资方面的服务能力。

跨境人民币专项贷款

2017年初，国家开发银行广东省分行就菲律宾首都银行急需人民币跨境贷款业务事宜进行政策咨询。菲律宾首都银行是菲律宾最大的银行之一，并且是第一家在中国设立分行的菲律宾银行，也是菲律宾第一家提供人民币业务的银行。随着人民币国际化的推进，东南亚国家对人民币的接受程度逐渐提高，同时越来越多的中资企业在菲律宾投资和参与基础设施建设，但菲律宾首都银行的外汇存款业务较少，拓展中国业务人民币资金缺口较大。得知有关情况后，我们立即向上级汇报，在得到大力支持后，对国家开发银行广东省分行进行了精心辅导，主动上门提供“保姆式”服务，详细讲解该项业务的政策要求、办理规定和操作细节，提醒相关注意事项。国家开发银行广东省分行多次赴菲律宾参加中菲经贸联委会洽商，并与菲律宾首都银行探讨了人民币融资安排事项，最终与菲律宾首都银行签订了战略合作框架协议和境外人民币授信协议。

2017年5月12日，国家开发银行广东省分行在完成了对菲律宾合同备案手续后，向菲律宾首都银行提供额度为20亿元人民币、授信期限为三年的贷款，由菲律宾首都银行用于向当地中菲企业提供贷款资金。该笔业务有效满足中资企业在菲的资金需求，有助于中资企业拓展菲律宾市场。同时，菲律宾是“一带一路”沿线重要节点国家，融资支持当地金融机构有助于深化两国之间的金融合作，推动中菲关系的发展；也有利于进一步推动人民币国际化，推广人民币在中国—东盟间贸易结算、投资等领域的使用。2017年5月16日，该笔业务作为“一带一路”建设资金融通方面的成果，列入了第一届“一带一路”国际合作高峰论坛发布的《“一带一路”国际合作高峰论坛成果清单》。

跨境人民币资金池业务降门槛

2014年11月，央行出台跨国企业集团跨境人民币资金池政策，受到了广大企业的关注。大区行联合广东省人民政府国有资产监督管理委员会在广东大厦举办一场大型政策宣讲会，参会的银行和企业代表近400人，会议安排了美的集团、TCL集团、航运集团等广东大型跨国企业与合作银行进行现场签约，辖内其他跨国企业也对跨境人民币资金池业务充满期待。

但该政策落地之后，我们发现辖内大部分跨国企业受制于境内、境外成员企业上年度营业收入合计金额的高门槛，实际成功备案开展跨境人民币资金池业务的比较少。截至2015年8月，广东省内仅43个跨国企业集团办理了跨境人民币资金池业务。为适应广东民营企业资金跨境归集使用的实际需要，我们深入银行和企业座谈，沟通了解市场需求，形成了相关调研报告，通过专报信息、工作会议等途径多次向上级报告，就便利资金池业务发展建言献策。

2015年9月，央行发布通知，进一步降低了对成员企业经营时间和营业收入的要求，调高跨境人民币资金净流入额上限。新政策放宽了资金池的设立条件、净流入限额管理、结算银行选择和资金使用等方面的要求，降低了跨境双向人民币资金池业务开办的门槛，使得大量中等规模且具有良好发展前景的企业（尤其是民营企业），在全球范围内推进资金集中管理，统筹调配资金和各类财务资源，实现资金和财务资源的跨境流转，助力企业自力更生破解“融资难”的问题，促进企业自身的发展壮大。新政策也满足了更多类型的跨国企业集团集中调配内部多种类型资金，满足境内成员企业在全球范围内迅速开展投资、并购、采购等业务的资金需求，为境内成员企业“引进来”和“走出去”，加快国际化发展步伐，提供有效帮助，深受企业好评。

新政策出台后，为用好用足政策红利，我和大家一起通过宣讲会、圆桌论坛、企业走访、银行内部培训班等方式大力宣传，充分调动市场主体的参与积极性，为广东企业送政策红包。截至2018年末已有417家企业办理了相关业务，位居全国首位，业务办理金额达6400亿元。我们了解到，广东地区多家企业受惠于这项政策，比如一家航运企业集团在2015年10月成功办理了跨境人民币资金池业务，直至2017年8月，该集团资金池跨境结算量达24亿元。跨境人民币资金池业务的开展，便利了该集团将境内外成员企业资金进行余缺调剂和归集使用，满足了集团的实际资金需要，加快了集团内部的资金周转速度，有效降低了融资成本。又比如，一家在香港上市以生产乳制品为主营业务的现代化大型企业，在内地建立多家现代化生产基地，又在新西兰投资建厂，拥有境内外全资、控股企业19家。在此之前该企业遇到不小的难题，其内地的企业融资难、融资贵，嗷嗷待哺，但其在境外人民币资金充裕，那只“口袋”里的人民币不能掏给内地的企业用。该企业特别希望金融监管部门能够建立一个机制，使“走出去”的企业能够集中调配资金需求，将其境外的人民币资金调回境内使用。资金池新政为大量这样的企业打开了充分利用集团内部境内外资金的渠道。

建立广东跨境人民币自律机制

在2015年以后市场波动的环境下，跨境人民币业务发展出现了一些不规范的现象。个别企业利用利差汇差开展跨境套利，个别银行未充分履行“展业三原则”，在交易背景存疑的情况下办理跨境收付。这不仅加大了国际收支失衡和市场动荡，还带来潜在的金融风险。此外，银行在落实业务真实性、合规性审核中，掌握的尺度不一致，有的甚至出于市场竞争考虑放松审核要求，不仅影响了客户体验，也容易放大套利空间，不利于跨境人民币业务的持续发展。

为促进外汇市场有序运作和健康发展，维护市场正当竞争秩序，2016年8月31日，广东省的银行设立了广东银行跨境人民币业务展业自律机制，成员包括了省内82家银行机构。

自律机制的设立，具有三个方面的积极作用：首先是“防风险”，自律机制能对成员单位的业务行为形成新的约束，避免恶性竞争等不理性业务行为，营造公平有序的市场秩序。其次是“助发展”，自律机制搭建的同业交流合作平台，有助于提高成员单位行动的一致性，形成合作共赢局面。最后是“强管理”，自律机制能畅通信息传递渠道，实现政策调控信息和市场业务信息的快速双向流通，进一步增强宏观调控政策的及时性和有效性。

广东银行跨境人民币业务展业自律机制设立后，开展了一系列富有成效的工作，发布了《银行跨境人民币业务展业操作指引》和《银行跨境人民币业务展业自律规范》，主办了“自律杯”广东省银行业务知识竞赛，并在全国率先开展银行展业自律监测评估工作，对辖内市场主体违规办理跨境人民币业务情况进行通报等，充分发挥了传导政策、促进同业交流与合作、严格自我约束的作用。借助银行自律机制，形成了他律与自律的合力，促进了跨境人民币业务健康发展。

第六章

经历风雨

人民币国际化走进新时代

2017年下半年，国内外形势逐渐好转，中共十九大提出要推动经济高质量发展、推进更高水平对外开放，人民币国际化迎来新的发展机遇，我国金融市场开放步伐大幅加快，并且正式确立了坚持“本币优先”的原则，人民币国际化在经历波折后再出发。广东依托自贸区、粤港澳大湾区，抓住机遇，持续推进跨境人民币业务创新，不断扩大人民币跨境使用，支持粤港澳大湾区建设，服务经济高质量发展。

迎来新周期

从2017年下半年至2018年上半年，全球经济呈现同步复苏态势，中国经济发展较为平稳，经济下行压力有所减轻。这一时期，国际收支及汇率形势相对稳定，为人民币国际化提供了良好的宏观环境。人民币汇率呈现持续升值，2018年3月末汇率较2017年6月末升值5063bp（基点），升值幅度达7.64%。外汇储备在下降了近三年之后，开始企稳回升。2018年3月，外汇储备达31428亿美元，同比增长4.44%。

针对市场形势变化，央行及时调整了宏观调控政策。2017年9月，对开展代客远期售汇业务的金融机构的外汇风险准备金率调整为0；对境外金融机构在境内金融机构存放的存款准备金也开始取消。2018年1月，人民币对美元汇率中间价报价模型中的“逆周期因子”恢复中性。推进人民币国际化的时间窗口再次出现，央行在2017年底召开了专题座谈会，探讨在新形势下推进人民币国际化的方向。

2018年1月，央行出台《关于进一步完善人民币跨境业务政策 促进贸易投资便利化的通知》（以下简称《通知》），提出“凡依法可以使用外汇结算的跨境交易，企业都可以使用人民币结算”，释放了人民币国际化再出发的信号。《通知》的出台，不仅是跨境人民币业务规则的完善和优化，更重要的是体现了“本币优先”的原则，明确了进一步推进跨境人民币业务发展的政策导向，重申了跨境人民币业务在提高贸易投资便利化水平，提升金融机构服务实体经济、服务“一带一路”建设的能力，推进我国更深层次更高水平的对外开放方面的重要作用。《通知》在广东落实，受到企业和个人的欢迎。

放开个人其他经常项目跨境人民币结算。随着粤港澳三地经贸往来的不断深入，内地企业向港澳地区派驻员工的现象也越来越普遍。以澳门为例，仅内地在澳门务工人员就达11万人，占澳门外地雇员六成以上，其将境外薪酬以人民币汇回内地的需求强烈。2018年1—10月，广东共办理个人其他经常项目跨境人民币业务15亿元。如企业派驻香港的内地居民，工资以人民币发放至香港账户，但其每月可能需要将部分薪酬汇回内地用于偿还按揭贷款、赡养父母。《通知》出台前，只能通过外汇业务办理，需先在离岸市场将人民币换成外币，然后将外汇汇入内地再结汇，十分不便且承担了两次汇兑成本。《通知》出台后，通过直接将人民币资金汇回内地，不仅减少了汇兑成本，而且提高了资金汇划的时效性。

例如，外派至中银香港工作的潘小姐需按时偿还内地住房贷款及赡养父母，每月需将部分收入汇往内地。此前，一般先汇入港币，再使用本人及父母额度兑换成人民币，需承担一定的汇兑差价及人民币汇率浮动损益。在新政出台后，潘小姐通过中银香港网上银行向中国银行东莞分行账户发起一笔8万元人民币的跨境汇款，中午时分即到账。她对采访的媒体表示，今后都会采用这种便利的方式办理跨境汇款。又如，从东莞嫁到台湾地区的A女士打算从当地汇入10万元人民币，以便春节期间回大陆探亲使用。由于东莞地区部分银行暂未开办新台币与人民币的结售汇业务，A女士需要汇入美元再结汇。因美元跨境汇款采用国际通用的SWIFT（内转）渠道，而台湾地区及大陆地区跟美国西部地区当地时间相差12个小时，汇款起息日有可能发生隔日的差异，汇款到账需要较长时间，A女士将面临更高的汇兑成本和汇率风险。新政出台后，A女士汇款币种可选择人民币，在汇款行办理新台币兑换人民币后，汇至A女士母亲在交通银行东莞分行的账户。业务过程中，环节较之前少了境内结汇一环。并且，台湾地区与大陆地区的人民币清算已普及了CIPS（人民币跨境支付系统）渠道，清算效率得到极大的提高，款项从台湾地区清算到账一般不超过30分钟。

外商直接投资业务便利化政策。在广东云浮，新政策出台解决了新设外商投资企业的“大难题”。2017年12月底成立的某水务有限公司，在设立初期涉及大量的办公用品采购、差旅费等备用金支出。若参照外汇资本金的规定操作，企业只能在限额内使用资本金，而且每月支付累计金额不得超过等值20万美元。新政策出台后，银行可在“展业三原则”基础上根据企业支付指令直接办理，大幅缩短企业筹备期到正常经营的时间，大幅提升企业的运营效率。

《通知》进一步强调了支持企业以人民币汇出利润，消除了外商投资企业利润无法汇出的疑虑，增强了外商来华投资的信心。在广东惠州，某外商投资企业表示，2015—2017年，其税后利润呈逐年上升，已经连续两年使用人民币近60亿元向境外股东支付分红款。

金融开放进入快车道

金融业开放是我国构建对外开放格局的重要组成部分，扩大金融业对外开放既是金融业自身发展的需要，也是深化金融供给侧结构性改革、实现经济高质量发展的内在要求。金融对外开放有助于优化金融实现有效配置资源、管理风险、提供金融服务等方面职能。2014以来，央行大幅度、大规模、较深度地开放国内金融市场，让境外市场主体能够投资、持有人民币金融资产。在人民币汇率双向波动，人民币国际化出现一些波折的时候，央行及时推出金融市场对外开放政策，为人民币国际化注入了新的动力。

2017年7月，内地与香港债券市场互联互通机制上线运行，允许香港及其他国家与地区的投资者经由香港与内地基础设施机构之间在交易、托管、结算等方面互联互通的机制安排，投资内地银行间债券市场，标的债券范围为银行间债券市场交易流通的所有券种。2018年3月，上海国际能源交易中心启动以人民币计价结算的原油期货的挂牌交易。2018年5月，铁矿石期货正式引入境外交易者。2018年5月，央行明确沪深港通境外投资者可通过香港结算行办理外汇资金兑换和外汇风险对冲业务，并纳入人民币购售业务管理，优化了沪深港通的运行机制。

在博鳌亚洲论坛2018年年会上，习近平主席宣布我国将在扩大开放方面采取一系列新的重大举措，其中第一条就是大幅度放宽市场准入，确保放宽银行、证券、保险行业外资股比限制的重大措施落地，同时加大开放力度，加快保险行业开放进程，放宽外资金融机构设立限制，扩大外资金融机构在华业务范围，拓宽中外金融市场合作领域，尽快放宽汽车行业等制造业外资股比限制。随后，央行行长按照中共中央、国务院的部署，宣布了进一步扩大金融业对外开放的具体措施和时间表，遵循以下三条原则推进金融业对外开放：一是准入前国民待遇和负面清单原则；二是金融业对外开放将与汇率形成机制改革和资本项目可兑换进程相互配合，共同推进；三是在开放的同时，要重视防范金融风险，要使金融监管能力与金融开放度相匹配。

大区行充分发挥毗邻港澳的优势，积极加强与港澳金融管理局的沟通协调，推动金融开放各项政策措施的落实，促进与香港、澳门金融市场的互联互通。RQFII/RQDII（人民币合格境外机构投资者/人民币合格境内机构投资者）、沪深港通、债券通、基金互认等证券投资业务陆续开展，促进了内地与港澳金融市场互联互通，也提升了香港作为国际金融中心和离岸人民币业务枢纽的地位。在了解到港澳居民与内地居民跨境理财业务需求之后，多次联合香港、澳门开展跨境理财研究，上报了《粤港澳大湾区银行理财产品市场试行互联互通的思路及建议》调研报告，为央行研究推出跨境理财通业务提供参考。

“NRA+”业务创新

面对出现的有利形势，大区行主动出击，把握窗口机遇，积极拓展跨境人民币业务，推进跨境贸易投融资便利化。为探索开展本外币账户管理创新，我们深入比较了离岸银行账户（OSA）、境外机构境内银行结算账户（NRA）和中国（上海）自由贸易试验区自由贸易账户（FT）等三类现行面向非居民（系金融术语，指境外的实体和个人）的涉外账户管理体系。经过详细对比，我们认为从长远看需要打造本外币一体账户体系，但从目前看，除了建设离岸中心外自贸区，金融创新最关键的是放开跨境金融业务，与使用何种账户作为资金流动载体并无必然联系，账户从来都不是阻碍金融创新发展的原因。因此，只要取得金融创新政策支持和业务许可，就可以利用现有账户体系开展自贸区金融创新业务试点。

经深入调研、反复论证和广泛征求意见，我们在综合多方面考虑后，研究提出依托现行的国内账户管理系统，以“NRA+”为记号开展账户管理创新的初步设想。2017年12月中旬，“NRA+”创新业务正式开始，业务量稳定增长，市场需求不断释放，整体反馈良好。

贸易融资资产跨境转让

贸易融资属于银行中短期核心信贷产品体系，专注于有确定交易的融资需求，具有产品种类多、市场容量大、参与机构广等特征。贸易融资资金是跨境收支的重要组成部分，面向贸易融资资产开展试点可以引导调动境内外市场资源对接企业需求，构建资金更充裕、价格更低廉、服务更高效的融资渠道，并快速形成良好的示范效应。基于此，试点伊始我们即确定了“主流产品、有序试点、系统推进”的政策制定原则。经过密集调研，2017年11月我们在上级行的指导下制定了首份《中国（广东）自由贸易试验区贸易融资资产跨境转让业务试点管理办法》，选取福费廷和票据资产为首发品种，在自贸区里的银行NRA账户上开展试点。

贸易融资资产跨境转让人民币结算试点丰富了金融市场交易品种，推动了境内外金融市场互联互通，扩展了人民币在金融资产跨境交易中的定价功能，有助于提升粤港澳大湾区金融改革开放水平，同时也在拓宽民营企业融资渠道、助力小微企业融资以及支持实体企业转型升级等方面发挥了积极作用，充分体现了金融支持实体经济的根本原则。

首先，拓宽民营企业融资渠道。近年来，在外部因素和内部因素、客观原因和主观原因等多重矛盾问题碰头的背景下，我国民营企业遭遇了“融资的高山”。在此背景下，辖内试点银行紧抓上半年境外人民币市场的有利时间窗口，依托自贸区贸易融资资产跨境转让业务试点政策，为有真实贸易背景的民营企业拓宽了境外融资渠道。据某银行广东省分行（业务占比超过30%）反馈，该行通过贸易融资资产跨境转让服务的企业中民营企业占比超过80%。以东莞市某化工供应链有限公司为例，2018年第一季度该企业向多家银行申请国内贸易融资，因融资利率较高而难以承受，最终通过该行依托贸易融资资产转让获得3笔合共1.25亿元的融资，平均融资成本为4.75%，有效降低了企业的融资成本。

其次，助力小微企业供应链融资。广东省内试点银行借助贸易融资资产转让政策优势，主动开展配套产品创新，为优质民营企业和上下游小微企业制定供应链融资方案，以点带面，缓解了小微企业融资难和融资贵的问题。如通过贸易融资资产转让试点为广州某照明电器有限公司办理了793万元贸易融资业务，同时还为其产业链上下游的6家小型企业办理贸易融资3109万元，平均融资成本为5.1%，远低于市场小微企业融资平均利率水平。

最后，支持实体企业转型升级。在试点业务过程中，我们积极引导试点银行不断加大对新能源、新材料等战略型新兴产业以及高新技术企业的贸易融资服务，同时也密切关注传统行业优质企业转型升级过程中的融资需求，有效利用境外资金支持境内产业转型和升级。如广州某集团有限公司主要从事制冷、空调设备制造，家用制冷电器具制造，拥有压缩机专利技术，主要向海尔、美的等知名电器企业供应压缩机。近年来，该公司全面推进技术改造和产品升级，2018年9月通过试点银行办理了2200万元的贸易融资，有力支持了企业流动资金周转和技术改造。此外，作为一项试点业务，贸易融资资产跨境转让人民币结算试点还为进一步推动境内外信贷市场互联互通积累了丰富的实践经验，如广东自贸区的实践表明，依托现有的账户体系，相关跨境转让试点业务均可以顺利开展。

试点机构对跨境资产转让反应积极，围绕试点业务开展的国内外业务联系热度不断提高。随着试点业务规模增长，境外投资者对境内高等级贸易融资资产的关注度和接受度逐渐提高，前期集中在联行系统内的交易需求，也呈现外溢态势，股份制银行向大型国有银行海外分支机构询价报价现象增多。贸易融资资产跨境转让人民币结算试点丰富了金融市场交易品种，推动了境内外金融市场互联互通，扩展了人民币在金融资产跨境交易中的定价功能，同时在拓宽民营企业融资渠道、助力小微企业融资以及支持实体企业转型升级等方面发挥了积极作用，充分体现了金融支持实体经济的根本原则。截至2018年8月，已有两批共14家试点行完成业务备案，8家办理资产转让业务，累计办理贸易融资资产转让业务579笔，试点开展的贸易融资资产品种为国内信用证福费廷、保理两项。

不良资产跨境转让

交易各方对在此类业务以人民币结算的呼声由来已久，在前期的调研中，受访机构一致欢迎，希望尽快推出不良资产跨境转让业务。我们最终确定中国东方、中国信达、中国华融、中国长城等四家金融资产管理公司的广东省分公司为首批试点机构，以试点机构为资产转让载体，以内的银行为结算平台，试行不良资产跨境转让业务。2018年8月，中国东方资产管理股份有限公司广东省分行公司率先完成试点业务备案，并办理1180万元人民币不良资产跨境交易结算。此后，多家机构陆续与境外交易方达成不良资产转让意向，以人民币促成资产交易。

碳排放权跨境交易

早在2015年2月，广东省启动碳排放配额交易。直至2018年，广东成为全球第三、中国第一大碳市场，一级、二级市场累计成交量占全国碳市场的32%，总成交金额占全国碳市场的33%。“NRA+”创新试点启动后，境外交易者对参与广东碳市场交易兴趣浓厚。浦发银行南沙自贸区分行经过与我们沟通后，率先联合广州碳排放权交易所（以下简称“广碳所”）向境外机构会员推出了“易碳通”产品，包括广碳所境外会员机构的账户服务、资金结算、政策咨询等服务，并在大区行完成业务报备。2018年1月，一家境外能源公司在取得参与碳排放权交易的批复后，前往广碳所开立碳排放权交易NRA账户，随后将交易资金通过浦发银行广州分行NRA账户转入广碳所的交易账户中。随后，通过广碳所买入10万吨碳排放配额，根据当天13.2元/吨的市场价格，交易金额约为132万元人民币。交易成功后，广碳所将成交金额转入境内出售碳排放权的企业账户中，交易规则与股票类似。

关注中美贸易摩擦的影响

自从2018年3月美国宣布对进口商品加征关税、限制来自中国的投资等措施以来，中美贸易摩擦不断，美国不断对中国“加码施压”，中国不得不采取“反制”措施。2019年5月，美国对从中国进口的2000亿美元清单商品加征的关税税率提高到25%。8月初，继G20大阪峰会后，中美双方在上海的双边经贸磋商进展不及预期。时任美国总统特朗普声称将于9月1日起对价值3000亿美元的中国商品加征10%的关税。美国的强硬和压迫性的“攻击”，使得中美协商的“空间”有限。面对中国的“反制”措施，美国又不断加码关税“攻击”，中美贸易谈判可谓一波三折。

中美贸易摩擦不断加剧，对双方经济均造成了显著负面影响。当前，美元仍是各国货币汇率的驻锚目标，锚的稳定取决于美国的宏观经济政策。如果国际经济形势紧张，那么必定会使外汇市场动荡，导致汇率大幅波动。在贸易摩擦不断升级过程中，人民币汇率出现了大幅波动，回顾2018年3月到2019年10月这段时间，每当中美贸易谈判释放出积极信号，人民币兑美元汇率便趋稳甚至升值；而每当中美贸易摩擦加剧，人民币兑美元汇率就面临新的贬值压力。在美国放出对价值3000亿美元的中国商品加征关税的消息之后，受市场预期的影响，离岸和在岸人民币兑美元汇率在8月5日双双“破7”，同时也创出了2008年上半年以来的汇率新低。随即在一天之内，时任美国财政部长姆努钦发表声明称：美国政府认定中国正在操纵人民币汇率，强行将中国列为“汇率操纵国”。8月6日，央行发布声明，指出这一标签不符合美国财政部制定的所谓“汇率操纵国”的量化标准，是任性的单边主义和保护主义行为，严重破坏国际规则，将对全球经济金融产生重大影响。

在这种充满变数的贸易环境下，人民币汇率大幅波动，将对跨境人民币结算业务带来什么影响，是我们密切关注的问题。以广东为例，美国是广东第三大贸易伙伴国。在美国已加征的2500亿美元中国出口商品关税清单中，广东共涉及6842种商品，受影响商品出口规模约占全省贸易出口的8%。受加征关税影响，2019年上半年广东省对美国贸易收付款同比下降3.6%。然而，我们研究发现，在危机重重的贸易环境中，跨境人民币结算不降反升，自2018年7月开始跨境货物贸易人民币收支大幅增长，多数月份跨境人民币收支增速高于进出口增速，并且跨境人民币支出同比增速总体高于收入。我们深入企业开展调研，发现在人民币汇率大幅度波动情况下，境内企业更加倾向于使用人民币跨境结算来规避汇率风险。例如，广东一家由德资控股的中外合资企业，主要生产经营车轴、车轴关联部件、调整臂、制动器总成汽车零部件及新产品研究开发，与海外客户货物贸易项下进出口业务频繁。以前该企业与海外客户的贸易往来主要以欧元计价结算，近年来受汇率波动影响较大，该企业多次向德国总公司请求考虑使用跨境人民币结算来规避汇率风险。经过多次协商沟通，德国总公司最终同意其进出口业务从合同签订、计价、报关到结算全部以人民币进行。截至2019年9月底，该企业合计办理跨境人民币结算业务12亿元。根据企业财务人员测算，截至2019年9月底，企业已累计避免汇兑损失120余万元。该企业负责人表示，通过使用跨境人民币结算，规避了汇率风险，节约了财务成本，得到了实惠。

如今，我们的心情也由前期的紧张逐步变得更加的冷静，更加的自信，认识到面对中美贸易摩擦，当前最重要的是坚定信心、沉着应对，贯彻落实好“六稳”措施，积极解决企业面临的实际困难。我认为跨境人民币业务的进一步推进在应对中美贸易摩擦、落实“六稳”政策方面大有可为。

在规避汇率风险方面，推动人民币成为经贸往来的重要计价、结算货币，可以降低交易成本和汇率风险，减少货币错配。我们应继续引导企业以风险中性的原则开展汇率风险管理，并尽可能以人民币结算，降低汇率波动对企业经营的影响。引导企业在货物贸易交易中，从使用人民币结算延伸至使用人民币计价，实质性降低货物贸易中的汇率风险。

在金融服务方面，应进一步加强与欧洲、东南亚主要贸易国家的金融合作，建立人民币供应机制，推动金融机构在当地提供人民币结算、投融资等更为全面的人民币服务，便利当地企业办理货物贸易跨境人民币结算，提高使用人民币的意愿；在资金融通方面，完善境内外金融同业人民币资金双向融通机制，开展跨国公司双向人民币资金池、跨境人民币贷款、境外发债资金回流、发行熊猫债、贸易融资和不良资产跨境转让等创新业务，可以提升外贸企业资金融通运作效率；在促进外资外贸发展方面，探索开展更多的跨境人民币业务创新试点，积极引导港澳资金投向粤港澳大湾区，有利于提升实体经济。

Libra一石激起千层浪

2019年6月以来，如果金融事件也有热搜排行榜的话，“数字货币”“区块链”“Libra（天秤币）”等字眼一定会榜上有名。究其原因，便是2019年6月18日，Facebook（脸书）与其合作伙伴宣布联手创建一个新的全球加密货币体系Libra，Libra由非营利机构管理，它的应用能够实现快速转账，通过加密保障安全性以及自由跨境转移资金，有利于在金融基础设施落后的地区普及金融服务。

跟以往的数字货币有所不同，Libra是建立在区块链基础上、锚定一篮子法定货币、能够全球自由流动、价值稳定的数字货币。我们关注到《Libra白皮书》中提到Libra货币篮子主要由美元、欧元、英镑和日元等组成，人民币被明确地排除在外，凸显了Libra与人民币为基础的各种货币金融安排形成正面竞争的明确立场。基于Facebook强大的用户基础，使得Libra先天就具备跨境支付的便利，对人民币支付的境外拓展形成直接挑战。同时，Libra的愿景是让经济不发达的国家能够享受便捷、安全的金融服务，这会不会影响我国进一步推广人民币在“一带一路”沿线国家应用的空间。基于上述考虑，我们对Libra进展一直保持密切关注。

Libra的提出，可谓“一石激起千层浪”，专家们认为Libra或替代部分国家主权货币，增大各国外汇管制难度，加大各国货币政策实施难度，增加反洗钱和反恐的难度等。各国监管机构对其持审慎甚至抵制态度。美国国会在《Libra白皮书》发布后，举办了三场听证会，仍不认可Libra。时任美国总统特朗普直言：在美国，只有美元一种真正的货币，Facebook的Libra将不会具有什么地位或可靠性，如果Facebook和其他公司想要成为银行，必须申请银行牌照。德、法两国更是高调表态应阻止Libra推出，连早期态度积极的瑞士也表示准备与其他国家合作以确保对Libra的监管。央行前行长周小川认为，无论是数字货币还是电子支付，如果是做跨境汇款、跨境投资、贸易结算业务，就不是哪一家央行可以负责的，而是需要一个联合机制。

鉴于Libra是否会顺利推出，目前尚未有定论。Libra将如何演变，既取决于监管的态度，也取决于其自身制度的设计完善。鉴于此，我们认为Libra出现带来的最直接也是最深刻的影响，就是金融科技的创新。近年来，金融科技作为新兴行业，不断崛起并迅速发展，大数据、云计算、区块链技术等都在重塑金融业态，掀起了金融业的变革，如移动支付。近年来，各国央行都相继研究主权数字货币，都希望在金融科技革命中抢占先机。而今随着Libra的突然提出，仿佛预示着金融科技将会掀起国际货币体系的变革浪潮。我不禁思考，在金融科技飞速发展的背景下，金融科技的发展创新将给人民币国际化带来新命题、新机遇。

如果不可避免Libra成为超主权货币，Libra也将会成为人民币国际化的“拦路虎”吗？此外，更深入设想一下，如今人民币国际化依然是在国家主权货币竞争的赛道上，当数字货币也加入赛道时，国家主权货币的竞争将不再是主要的矛盾，到时所有的国家主权货币都将会受到挑战。

在数字时代，对主权国家来讲，最好的践行货币国家发行权的办法是由政府和中央银行发行主权数字货币。数字货币运用得当可以加速人民币国际化进程，此外还将为应对Libra的竞争，早做准备就早多一分主动权。在我国，央行发行的法定数字货币叫作央行数字货币（DC/EP），自2014年开始研发至今。当前，数字货币的研发取得了初步成果。

在移动支付方面，我国在移动支付、互联网金融等领域具备先发优势，无论是在规模、技术和运营实践上，我国的银联等平台都位居世界前列。这些平台在国际上推行其研发支付系统，进一步提升人民币在国际交易中的影响力。

金融科技发展改变金融生态，给人民币国际化带来新命题新机遇。我们应该重视金融科技，充分利用区块链等技术与数字货币带来的技术变革机遇，借助移动支付、数字货币等新的形式丰富人民币使用场景，在推进“一带一路”建设和人民币国际化进程中发挥积极作用。

机遇与挑战

2009—2019年，这十年，人民币的国际地位日益凸显，人民币的支付、投融资、储备货币功能不断强化。中共十九大以来，中国经济进入高质量发展阶段。尽管目前国内经济面临下行压力，但中国经济表现出较强韧性，进一步扩大对外开放，经济结构调整持续，经济基本面长期向好，为人民币国际化的进一步推进奠定了良好的经济基础。

目前，推进人民币国际化正处于重大战略机遇期。首先，随着中国涉外贸易投资规模的持续扩大，各项改革不断推进、落实，将有更多的市场主体接受以人民币进行支付结算。“一带一路”倡议，将进一步促进人民币在周边和沿线国家贸易和金融领域使用；自贸区（港）、粤港澳大湾区等对外开放平台，将推动跨境人民币创新发展。其次，我国推动更高水平的对外开放，金融市场互联互通持续推进，原油、铁矿石、PTA（精对苯二甲酸）等大宗商品期货交易陆续推出，将促使更多境外投资者投资和持有人民币资产，扩大人民币在跨境和国际上的使用。最后，近年来，部分国家采取了“去美元化”的措施，国际货币多元化已经成为各国的重要诉求。我国作为全球第二大经济体，外汇储备居全球之首，人民币在各个国家和地区的影响与地位明显提升，人民币如何进一步国际化便引起了全世界的广泛关注。

然而，我们也清醒地意识到，当前人民币国际化仍面临一系列重大挑战。从外部环境看，当前全球经济形势复杂严峻，地缘政治冲突频发，贸易保护主义抬头，金融市场频繁震荡，世界经济出现衰退，主要国家和经济体央行开始实施新一轮货币宽松政策。从内部环境看，中国经济机构调整和转型升级仍在进行，经济下行阶段金融风险联动和传染性增强，中美贸易摩擦和人民币汇率走势存在较大不确定性，使得人民币国际化面临较大挑战。

2009—2019年，这十年的经历，让我们深刻认识到，人民币国际化是建立在实体经济基础上的，因此人民币国际化的进展与经济周期相关，推进跨境人民币业务的进展也就有起有伏。人民币国际化是市场驱动、水到渠成的结果，是一个长期过程。展望未来，我们将继续坚持低调务实、顺势而为的基本原则，稳扎稳打推进人民币国际化进程，坚持市场驱动，立足服务实体经济。围绕市场需求，推动人民币在贸易和投资中的使用，探索实施更高水平的贸易投资便利化试点。我们坚信人民币国际化的未来必定是光明的，人民币必定会朝着成为可自由使用货币的方向努力，迎来最好的时代！

粤港澳大湾区谱写“新粤曲”

如果说广东是中国改革开放的门户，那么人民币国际化便是广东金融对外开放的桥梁。广东作为第一批试点地区，2009—2019年这十年来，我与许多同事一同见证了广东跨境人民币业务曲折前进的历程，也摸索出很多宝贵的经验。抚今追昔，继往开来。如今广东再次作为改革开放的前沿，《粤港澳大湾区发展规划纲要》颁布，标志着人民币国际化进入新一轮的征程。2009年，人民币从粤港澳扬帆起航。现今，粤港澳大湾区将成为推进人民币国际化的新平台，为人民币出海路上奏响“新粤曲”。

扬帆起航，粤港澳人民币跨境结算历艰辛，创首举

广东省是我国改革开放的前沿阵地，具有毗邻港澳的区位优势，也是我国最早启动跨境贸易人民币结算的试点省份。2009—2019年，这十年，大区行积极联合商务、海关、税务等部门，加强政策协调和管理联动，支持外贸转型升级，开拓国际市场，提升“一带一路”沿线国家和粤港澳大湾区贸易便利化水平，在不断创新和实践中推动人民币国际化走在全国前列。

遥想2009年试点刚启动的时候，人民币跨境业务起步艰辛。试想，2009年广东进出口企业5万多家，年进出口额超过4万亿元人民币，但试点半年多却只有129家企业办理了业务，结算金额不到15亿元。当时我和同事们都发愁，这么一项便利企业对外贸易的业务不应该仅局限在这一百来家企业中，应该让跨境人民币业务惠及更多的企业，让更多的企业享受跨境人民币业务对外贸易的便利。往昔走企业送政策的情景还历历在目。为了让政策惠及更多的企业，我们发扬攻坚克难、敢为人先的精神，实地调研，走进企业送政策、听诉求、广泛宣讲，为企业解决出口退税等问题。当时我们还被企业笑称是“卖人民币”的。这十年，我和同事们奋战在推广跨境人民币业务的第一线，逢山开路，遇水架桥，为业务的推广贡献岁月。历经这十年的探索努力，广东跨境人民币业务发展取得了多方面成绩。

跨境贸易人民币结算由2009年试点之初的15亿元，增加到2019年6月末的19万亿元，年均增长速度达2倍。其中，“一带一路”沿线国家跨境人民币业务2.5万亿元，粤港澳大湾区内跨境人民币结算12.9万亿元，年均增长率分别达2.1倍和1.7倍。目前，广东跨境人民币结算总量占全国的四分之一，人民币跨境收支占本外币跨境收支的三分之一，经常项下跨境人民币结算占全国近三成，其中服务贸易跨境支出、投资利润汇出、股东直接投资境内企业、跨境股权转让、境内企业借用外债、跨境贷款、碳排放权交易等人民币跨境结算业务均为全国首创，成为全国推动跨境人民币业务的领头羊。

奏响“新粤曲”，人民币出海开启新征程，再出发

作为人民币国际化历程的亲历人，我对人民币国际化有着更多、更深切的体会，也更了解人民币国际化成果来之不易。伫立窗前，望着珠江水，人民币国际化的历程犹如珠江滔滔向前，亲历的过往从眼前浮现——人民币国际化由初期从珠江口“走出去”、在潮落潮涨中逐浪向前，再到如今勇立潮头扬帆远航。2019年，在跨境贸易人民币结算试点的十周年之际，最好的纪念是以更大的决心和力度推动新一轮改革开放，奏响人民币从珠江口、从粤港澳大湾区继续扬帆出海的“新粤曲”。

按照中共广东省委、广东省人民政府关于贯彻落实《粤港澳大湾区发展规划纲要》实施意见和三年行动计划的部署，继续以真实需求、风险可控为原则，坚持市场驱动，做好市场调查和业务创新试点政策储备，逐渐消除限制人民币使用的障碍，逐步扩大人民币跨境使用范围和规模。

强化跨境人民币业务创新发展与大湾区建设战略实施的联动。要把握粤港澳大湾区建设的有利机遇，围绕大湾区经贸往来更趋紧密、跨境基础设施建设步伐加快、市场互联互通水平进一步提升、人员跨境流动更加便捷的融合趋势，以探索理财产品交叉代理销售、扩大信贷资产跨境转让人民币结算试点等创新业务为突破。围绕大湾区跨境人民币业务创新，推动《粤港澳大湾区发展规划纲要》涉及跨境人民币业务的政策措施加快落地、加快推广，促使人民币成为大湾区对外经贸往来的主要计价、结算货币和融资、交易货币。

强化跨境人民币业务创新发展与实体经济发展的联动。金融是实体经济发展的源头活水。在广东外贸转型升级之际，应坚持以供给侧结构性改革为主线，围绕创新驱动发展、制造强省、贸易转型升级等战略，发挥好金融引导与支撑作用。广东应坚定不移发展跨境人民币业务，提升贸易投融资便利化水平。

首先要积极推动跨境人民币结算，规避汇率波动风险。引导金融机构创新跨境人民币产品和服务，完善境内外金融同业人民币资金双向融通机制。其次

要积极推动人民币成为经贸往来的重要计价、结算货币。充分利用世博会、广交会等平台优势，以差异化程度较高、市场份额较大的出口行业作为突破口，重点支持具有国际竞争力的优秀企业在国际贸易中选择本币计价。加强经贸合作，推动人民币成为区域内多边计价结算货币。与此同时，要积极开展跨国公司双向人民币资金池、跨境人民币贷款、境外发债资金回流、熊猫债发行、贸易融资和不良资产跨境转让等多项创新试点业务，切实提升广东外贸企业资金运作效率。最后，还要积极引导港澳资金投向粤港澳大湾区，探索开展更多的跨境人民币业务创新试点，促进外资外贸高质量发展。

强化跨境人民币业务创新发展与资本项目可兑换进程的联动。跨境人民币业务与资本项目可兑换密切相关、良性互动。人民币跨境投融资业务的创新，丰富了资本项目可兑换的内涵；而资本项目可兑换的推进，拓宽了人民币在资本项下跨境使用的发展空间。广东要结合国家推动资本项目可兑换的战略部署，推动人民币资本项下跨境使用的创新，提高人民币跨境投融资的便利化水平。

强化跨境人民币业务创新发展与“一带一路”倡议实施的联动。随着“一带一路”倡议的实施，国际市场对人民币跨境使用需求不断增加，为人民币国际化注入了新动力。下一步，广东要充分发挥中资跨国企业的主力军作用，鼓励其在成员企业之间关联交易、对外投资、跨境融资等交易中使用人民币计价、结算，扩大人民币跨境使用的规模与范围；充分发挥中资金融机构的重要载体作用，针对我国与沿线国家和地区经贸往来的特点，开发更多跨境人民币投融资产品，提高人民币在贸易融资、资金结算、项目投融资等领域的使用比例，实现金融机构跨境经营与人民币“走出去”协同推进。要把握粤港澳大湾区建设的重大机遇，加强粤港澳金融合作，建设国际金融枢纽，打造“一带一路”建设的重要支撑区。要推动粤港澳大湾区金融改革创新，建立更顺畅的人民币资金跨境流动机制与通道，扩大人民币跨境使用。

伴随着粤港澳三地金融互联互通的持续增强，粤港澳大湾区建设，成为推动人民币国际化新的引擎。2009年，人民币从粤港澳扬帆起航；现今，粤港澳大湾区将成为推进人民币国际化的新平台。把握粤港澳大湾区建设的有利机遇，人民币国际化在行动！

结 语

行文至此，读者们大致了解了2009—2019年十年间人民币国际化进展的情况。在历时十年的人民币国际化进程中，我发现，所有的重大进步都是由两个因素造成。一是制度的创新和变革。无论是初期解决港澳地区人民币合法回流问题、脱钩货物贸易收付汇核销退税模式，还是如今跨境人民币业务范围拓宽至资本项目，抑或是有序连接境内市场和离岸市场的“沪港通”“深港通”的开通，都体现了我国对制度创新与变革的决心，以及渐进开放、稳妥推进的改革逻辑。二是市场需求。由2008年国际金融危机后全球流动性紧张引起的货币互换需求，到不断增加的企业间人民币贸易结算引起全面铺开人民币结算业务需求，再到人民币加入SDR，越来越多国家将人民币纳入本国的外汇储备需求，以及2018年来人民币为原油等大宗商品计价的需求，都体现了市场需求是人民币国际化得以持续发展的基础，且随着中国经济稳定发展，市场需求仍将不断增加。

2018年以来，国际国内风云变幻，人民币国际化机遇与挑战并存。从国际环境看，贸易保护主义抬头，除美国等少数经济体外，全球大部分经济体增速回落。美元霸权以及“美国优先”的逆全球化政策取向，加剧去美元化浪潮升级。科技创新日新月异，数字货币Libra将冲击现有的国际货币体系及货币主权。从国内环境看，尽管当前国内经济下行压力加大，但中国经济表现出较强韧性，经济结构调整持续，经济基本面长期向好，改革开放大门越开越大，为人民币国际化的进一步推进奠定了良好的经济基础。

当前人民币国际化主要体现在国际支付和结算方面，同时，人民币大宗商品计价功能取得突破、国际储备货币功能亦取得良好进展。随着“一带一路”倡议的加快实施和粤港澳大湾区建设的加速推进，人民币支付货币功能将继续增强、投融资货币功能将不断深化，市场主体在贸易投资中使用人民币的需求将日益旺盛，人民币国际化将迎来重要的机遇，人民币将朝着成为可自由使用货币的目标前进。

在新形势下，我们对人民币国际化的定位有新的更全面的认识，人民币国际化的推进将进一步支持经济的高质量发展。我抬头望向墙上悬挂的世界地图，那星星点点的小红旗就像是人民币国际化一点一滴前进的脚步。行进至此，来之不易，前路必然坎坷，挑战才刚刚开始，我们不能止步。

2019年12月